Agiles Coaching
als Erfolgsfaktor

Grundlagen des Coachings, um agile Teams erfolgreich zu managen

von Markus Heimrath

Inhaltsverzeichnis

1. Was ist Agile und was ist Agile Coaching?

Wenn man früher (und teilweise auch heute noch) in einem Unternehmen neue Methoden oder Prozesse einführen wollte, verpflichtete man Beraterfirmen, die sich ein Jahr lang damit beschäftigten, wie man das Projekt am besten umsetzt, und anschließend einen Projektplan mit Meilensteinen (Milestones) und Zielen (Goals) formulierten.

Heute bleibt oftmals keine Zeit für lange Vorplanungen. Es braucht Methoden und Prozesse, bei denen – während das Projekt bereits läuft – noch Veränderungen vorgenommen werden können. Das Geschäftsumfeld ist heute so unsicher geworden, dass man kaum noch mehr als sechs Monate im Voraus planen kann.

Eine der Methoden, bei denen weniger vorausgeplant wird und stattdessen mehr gleich von Anfang an gemacht wird, ist das Agile Framework. Im Wesentlichen handelt es sich dabei um eine Methode, bei der die Anforderungen und Lösungen für Produkte während eines laufenden Prozesses entstehen, der von Teamarbeit, Selbstorganisation und den Bedürfnissen des

Endnutzers oder Kunden geprägt ist. Agile Methoden hatten ihren Ursprung in der Softwareentwicklung und sind heute der Standard, wenn es darum geht, neue Software-Produkte zu entwickeln. Aber sie können, mit kleinen Modifizierungen, auch in anderen Geschäftsbereichen angewendet werden.

Um ein Projekt in einer agilen Umgebung ablaufen zu lassen - also zum Beispiel eine Software zu entwickeln - braucht es nicht einmal viel Vorwissen. Das dem Agile-Prinzip zugrunde liegende Manifest ist für jedermann einsehbar, und auch die wichtigsten Schritte kann man heute bereits bei Wikipedia nachlesen. Dennoch reicht die beste Theorie nicht aus, wenn man plötzlich der Realität gegenübersteht. Hier kommt der Agile Coach ins Spiel.

Das Coaching bei Agile kann man sich ein wenig so vorstellen, wie den Job des Managers bei einer Fußballmannschaft. Die Spieler wissen eigentlich alle was sie tun müssen, es gibt einen Trainer, der die Trainingseinheiten bestimmt und sie fit macht. Der Manager kümmert sich um die Strategie und darum, dass sie das passende Umfeld haben.

Bei Agile ist der Coach die Person, die das Fundament dafür legt, dass erfolgreich mit einem agilen Framework gearbeitet werden kann. Ein Coach schafft die Voraussetzungen, um agile Methoden überhaupt einführen zu können. Wenn man zum Beispiel überlegt, ob man Scrum einführt, um Software zu entwickeln, wird es Aufgabe des Coaches sein, die Firma zu beraten und zu unterstützen, vor allem aber sicherzustellen, dass alle das gleiche Verständnis vom Projekt haben.

2. Der Unterschied zwischen einem Scrum Master und einem Agile Coach

Da Scrum die bekannteste agile Methode ist, wird oft gefragt, was der Unterschied zwischen einem Coach und dem Scrum Master ist. Wenn Du Coach werden willst, wirst Du bereits wissen, was der Scrum Master grundsätzlich macht. Es gibt einige fundamentale Unterschiede zwischen den beiden Rollen, aber auch Gemeinsamkeiten.

Der Scrum Master und der agile Coach kümmern sich beide um das gleiche Problem, nämlich ein agiles Projekt zum Erfolg zu führen, allerdings auf verschiedenen Ebenen. Der Coach hat dabei meistens eine etwas weiter gefasste Aufgabe, er kümmert sich nicht allein um das Team, sondern auch um das höhere Management und andere Stakeholder und vor allem auch um andere Teams. Er wird als der Experte verstanden, der alle Fragen beantworten kann (was in der Praxis nicht der Fall ist), der Diskussionen nicht nur führen, sondern auch analysieren kann. Er gibt Feedback und kann den Weg aufzeigen, der gegangen werden soll:

- Was muss noch gemacht werden?
- Welche Fortbildungen brauchen die Teamleiter?
- Wer muss noch weitergebildet werden?
- Was macht man mit einem Team, das zu langsam arbeitet?

Es gibt auch Unterschiede in der Bezahlung. Weil die Aufgaben des Coaches weiter gefasst sind, wird er auch besser bezahlt als ein Scrum Master, der sich nur um ein einziges Team kümmern muss. Letztlich hängt es auch von der Branche ab, in der man arbeitet und von der Größe des Unternehmens, das Dich angeheuert hat. Gerade junge Firmen versuchen oft beim Coaching zu sparen, weil sie keinen unmittelbaren Nutzen sehen, während große Firmen den langfristigen Effekt verstehen und bereit sind, dafür auch zu investieren.

Der größte Unterschied liegt aber darin, was man von Dir erwartet. Meistens arbeitet der Scrum Master mit einem einzigen Team, während der Coach mehrere Teams und Stakeholder beraten muss. Der Scrum Master muss vor allem sicherstellen, dass der Scrum Prozess eingehalten wird, dass es die Standup-Meetings gibt, dass das Produkt Backlog ordentlich geführt wird und die Sprints beendet werden. Der Coach hingegen muss festlegen, was überhaupt gemacht werden muss, wie es gemacht werden kann, wer es macht, wann es gemacht wird und wie das innerhalb der bestehenden Strukturen möglich ist. Seine Aufgaben können sogar das Change Management umfassen, Training von Führungskräften und Workshops. Er ist oftmals auch Vermittler zwischen verschiedenen Abteilungen und Teams innerhalb einer Organisation.

Scrum Master	**Agile Coach**
• Führt ein Projekt • Hat definierte Funktionen • Ist Team verpflichtet	• Kann mehrere Teams trainieren • Ist frei in seinem Coaching • Unterstützt den Scrum Master

3. Anforderungen an einen Coach

Coach wird man nicht über Nacht und auch nicht, wenn man ein oder zwei Seminare besucht hat. Es ist vor allem ein Verständnis dessen, was man macht und wie man sich selbst versteht. Es ist auch eine Frage des Charakters: Wenn Du eine sehr zurückhaltende Person bist, die nicht gerne auf Menschen zugeht, wirst Du am Anfang Schwierigkeiten haben. Wenn Du aufbrausend bist, kannst Du keine vertrauensvolle Beziehung zum Team aufbauen. Gleiches gilt für rechthaberische Menschen. Es ist ganz gleich, welche Technik Du beim Coaching anwendest, wenn Du nicht die notwendigen menschlichen Fähigkeiten mitbringst.

Empathie

Die Fähigkeit, den anderen Menschen zu verstehen, und vor allen nachvollziehen zu können, was dieser fühlt und was ihn antreibt, ist eine der wichtigsten Eigenschaften, die ein Coach mitbringen muss. Die meisten Probleme, die es innerhalb von Teams gibt – aber auch zwischen verschiedenen Hierarchieebenen – sind zwischenmenschlicher Art. Erst wenn Du in der

Lage bist, nicht nur die technischen und organisatorischen Strukturen zu verstehen, sondern auch mit welchen Menschen Du es zu tun hast, wirst Du in der Lage sein, Dich mit ihnen verbinden zu können.

Überblick

Ein guter Coach sollte sich nicht mit Kleinigkeiten aufhalten. Du bist kein Projektmanager, sondern musst den Überblick behalten und in der Lage sein, Probleme von einem anderen Blickwinkel aus zu betrachten. Dabei musst Du aber dennoch wissen, was im Team selbst vorgeht und welche Probleme dort entstehen. Du wirst aber gleichzeitig auch die Interessen des gesamten Unternehmens und seiner Führung mit einbeziehen müssen.

Motivation

Ein Team kann nur dann von einem Coach motiviert werden, wenn es diesen respektiert und sich mit ihm verbunden fühlt. Es wird Deine Hauptaufgabe sein, Dir diesen Respekt zu verdienen, und das bedeutet mehr, als nur Fachwissen zu haben. Wenn das Team, mit dem Du arbeitest, davon überzeugt ist, dass Du weißt, wovon Du sprichst und auch in der Lage bist, es erfolg-

reich umsetzen zu können, hast Du bereits den Grundstein für ein gutes Projekt gelegt.
Darüber hinaus gibt es noch einige weitere Anforderungen an einen guten Coach. Man sollte von ihm erwarten können, dass er ein Team dadurch effektiver macht, dass **Ideen innerhalb des Teams** von jedem vorgebracht und gemeinsam diskutiert werden, gleichzeitig aber solche Diskussionen zielorientiert sind und den Arbeitsfluss verbessern statt ihn aufzuhalten.

Weiterhin sollte ein Coach dafür sorgen, dass das **Team** nicht nur aus einzelnen Fachleuten besteht, sondern **möglichst divers** ist – das schließt auch Mitglieder ein, die zum Beispiel keinen Programmierhintergrund haben. Gleichzeitig wirst Du als Coach auch in der Lage sein müssen, die Probleme, die mit Diversität aufkommen können, lösen zu können.

Wenn ein Coach eine Frage stellt, dann sollte dies immer eine offene Frage sein, die das Team dazu bringt, selbst nach einer Lösung zu suchen statt nur Ja oder Nein zu antworten. Ein guter Coach löst nicht die Probleme des Teams, sondern hilft den Mitgliedern, sie selbst zu lösen.

Das bedeutet in vielen Fällen, dass Du einen **Schritt zurück machen** musst und abwarten wirst, wie das Team das Problem löst - selbst dann, wenn Du bereits eine gute Lösung im Kopf hast. Teil der Aufgabe eines Coaches ist es eben auch, Kapazitäten in einem Unternehmen zu bilden. Damit verbunden ist auch die Fähigkeit eines Coaches, den zu Trainierenden klar zu machen, welche Verantwortlichkeiten sie haben, und dass sie für ihre Arbeit auch den anderen Mitarbeitern gegenüber verantwortlich sind, statt nur einem Abteilungsleiter oder Projektmanager gegenüber.

Und schließlich wirst Du als Coach Dich auch vor Dein Team stellen müssen, wenn es zu Konflikten innerhalb eines Unternehmens oder einer Organisation kommt. Das ist nicht einfach, wenn Du von außerhalb geholt wirst, und manchmal noch schwieriger, wenn Du innerhalb Deines Unternehmens coachst. Aber im Falle eines Falles wird das Einstehen für das Team Dir nicht nur den Respekt des Teams selbst einbringen, sondern auch derer, gegen die Du das Team verteidigst. Natürlich hängt das auch immer davon ab, wer auf der anderen Seite steht, in manchen Fällen wirst Du gegen Wände rennen, aber das liegt nicht in Deinem Verantwortungsbereich. Wichtig ist, dass Du Dein Bestes gibst.

Wenn ein Coach angeheuert wird, dann gibt es zwei Wege, ihn zu beurteilen, zu bezahlen und auch seine Arbeit überhaupt zu definieren:

- **Qualitative Ergebnisse und**

- **Quantitative Ergebnisse**

Bei den **quantitativen Ergebnissen** geht es um alles, was in Zahlen ausgedrückt werden kann.

- Wie viele Personen werden gecoacht?
- Wie viele Stunden werden berechnet/gebraucht?
- Um welchen Prozentsatz sollte sich der Output verbessern?
- Wie viel Euro will man durch die Verbesserung einsparen?
- Wie viel weniger Fehler traten auf?
- Wie schnell werden Produkte getestet?
- Wie schnell sind Produkte fertig für die Auslieferung?

- Wie hat sich das Burndown-Chart verbessert?

Solche Zahlen sind recht einfach zu bekommen, sie sagen aber noch nicht viel darüber aus, wie erfolgreich ein Coach wirklich war. Deswegen wird es immer auch **qualitative Ergebnisse** geben, die Du auch als Ziel aufschreiben kannst, wenn Du mit dem Coaching beginnst. Solche Ergebnisse können sein:

- Mitarbeiter sind in der Lage, Probleme im Team schnell und effizient zu lösen
- Es gibt ein einheitliches Verständnis über Backlog-Items
- Mitarbeiter holen sich auch Aufgaben, die eine Heraus-forderung für sie darstellen
- Teammitglieder sind in der Lage, das nächste Projekt selbstständig zu coachen

Andere Qualitative Ergebnisse können auch technischer Natur sein, wie zum Beispiel, dass die Clean Code Praxis adaptiert wurde und eine neue Programmiersprache erfolgreich eingeführt wurde.

Arbeitsbeispiele

Chandan Lal Patary, selbst ein Coach und Speaker auf vielen Agile-Konferenzen, hat in seinem LinkedIn-Feed einmal Arbeitsbeispiele vorgestellt, die Unternehmen Kandidaten für einen Coaching Job geben.[1]

Die Firma Power Auto stand unter enormen Erfolgsdruck. Seine Produkte waren bereits ein Kassenschlager in Europa und man wollte schnell auch den amerikanischen Markt einnehmen. Aber mit den bisherigen Produkten war das kaum möglich, die Wartungskosten waren zu hoch. Der bestehende Kundenstamm war groß, aber die vorhandene Technik war veraltet und konnte nicht mehr erweitert werden. Die Kunden hingegen verlangten nach immer neuen Funktionen. Die Firma hatte ein Entwicklungszentrum in Deutschland mit 35 Mitarbeitern und ein Test-Team in Indien mit 20 Mitarbeitern. Das Produkt selbst war über 20 Jahre alt, die meisten der Mitarbeiter, die es entwickelt haben waren längst ausgeschieden.

Das Management hatte entschieden, ein neues Produkt zu entwickeln, dass dem bisherigen ähnlich ist,

[1] Lal Patary, C. (2017): Case Studies on Agile Transformation. URL: https://www.linkedin.com/pulse/case-studies-agile-transformation-chandan-lal-patary/ [Stand: 08--08-2018]

aber mit neuester Technologie ausgestattet. Der Zeitrahmen für die Entwicklung wurde mit 2-3 Jahren veranschlagt. Der Markt verlangt nach einem schnellen Produkt mit aktuellen Funktionen und einem kurzen Feedback-Zyklus. Einige der Mitarbeiter in der Firma sind seit über 20 Jahren dabei. Wenige Mitarbeiter kennen sich mit neuesten Techniken aus. 50 Prozent des Budgets werden für die Wartung des bestehenden Produkts ausgegeben (Fehlerbehebung/Kundenanfragen). Investitionen in Neuentwicklungen sind eine Herausforderung. Die Firma hat entschieden, dass mit einem agilen Transformations-Projekt diese Herausforderungen bewältigt werden sollen. Die Herausforderungen:

- *Wie können wir schneller zur neuen Technologie wechseln und neue Märkte erreichen?*
- *Was sollte die Strategie der Firma sein, um eine solche Situation zu bewältigen?*
- *Welche Technologie-Migration und welche Upgrades werden benötigt?*
- *Wie kommuniziert man das den bestehenden Kunden?*

- *Der Wettbewerber hat bereits ein neues modernes Produkt auf dem Markt:*

  Wie kannst Du dem Team als Agile Coach helfen? Was sind erste Schritte, die Du unternehmen würdest? Was ist Dein Plan und Modell?

4. Wer wird gecoacht?

Die Aufgaben eines Agile Coaches hängen stark davon ab, wer überhaupt gecoacht werden soll. Denn natürlich macht es einen Unterschied, ob Du lediglich ein kleines Software Team trainieren sollst, oder ob es darum geht, in einem weltweit tätigen Unternehmen agile Methoden in allen Prozessen einzusetzen.

Die **wesentlichen drei Coaching-Gruppen** sind:

- **Organisationen und Unternehmen sowie Führungsebenen**
- **Coaching von Teams in der Softwareentwicklung und im Projektmanagement**
- **Coaching, um Agile konkret als Framework einzuführen**

Um einmal darzustellen, wie wichtig es ist, dass nicht nur einzelne Teams sondern auch ganze Unternehmen darin geschult werden, Probleme ernst zu nehmen und zugleich zu lösen, statt diese zu übergehen, eignet sich die Katastrophe der US-Raumfähre Challenger sehr gut als Beispiel.

Das Shuttle war bereit zum Start, der Tag war klar und kalt, kälter als bei vorherigen Starts. Einer der Ingenieure einer Zulieferfirma für die NASA hatte gewarnt, dass die Kälte ein Risiko darstellen könnte. Man hatte bestimmte Dichtungen niemals bei den Temperaturen getestet, wie sie gerade herrschten, und er fürchtete, dass es zu einer Fehlfunktion kommen könnte. Er brachte diese Bedenken in einer Videokonferenz mit der NASA auch vor – und wurde daraufhin aufgefordert, seine Warnung, den Start abzubrechen, nochmals zu überdenken. Der Druck der NASA auf den kleinen Zulieferbetrieb war so groß, dass man tatsächlich nachgab – mit dem Ergebnis, dass alle Besatzungsmitglieder starben. Das dahinterliegende Problem war, dass man mit dem Plan vorankommen wollte, statt das Produkt an Ort und Stelle zu verbessern oder eben die Produktion – hier den Start – anzuhalten, bis das Problem gelöst wurde.

Wenn Du nun weißt, was Du eigentlich erreichen willst, kannst Du Dir überlegen, welche verschiedenen Techniken und Methoden Du anwenden willst, und welche vor allem am besten zum Team oder der Organisation passen. Das ist ein wichtiger Schritt, der manchmal untergeht, wenn bereits bestimmte Wünsche geäußert wurden, zum Beispiel Scrum oder eXtreme Programming einzuführen. Das mag zwar ein Wunsch der Geschäftsführung sein, muss aber nicht immer die beste Lösung für das Problem, die bisherige Arbeitsweise oder das Team an sich sein. Der bekannte Agile Coach Alan S. Koch hat dazu einige Gedanken[2] veröffentlicht. Wenn es darum geht, eine Organisation umzustellen und Arbeitslast zu minimieren, ist Scrum zum Beispiel wenig sinnvoll und stattdessen ein Projektmanagement wie Kanban Boards wesentlich angebrachter.

Worauf Du achten solltest

- Die Kultur eines Unternehmens und einer Abteilung
- Wie Kunden mit dem Unternehmen zusammenarbeiten (wollen)
- Welche Projekte es gibt

---

[2] Koch, A. S.: Adopting an Agile Method (2006). URL: http://www.methodsandtools.com/archive/archive.php?id=41 [Stand: 16-08-2018]

- Welche Werkzeuge und Prozesse bereits genutzt werden
- Die Stärken und Schwächen insbesondere des Entwicklungsteams
- Wie das Unternehmen strukturiert ist

Bei Agile geht es immer darum, dass Teams so eigenständig wie möglich arbeiten können. Den Entwicklern wird nicht gesagt, was sie zu tun und zu lassen haben und wann sie etwas machen müssen. Sie erhalten lediglich eine Formulierung des Ziels, welches man erreichen will, und können dann zusammen mit dem Kunden Wege finden, dieses Ziel zu erreichen. Als Coach darfst Du nicht vergessen, dass es die Autonomie ist, die Du fördern willst.
Wenn Du in einem Unternehmen arbeitest, in dem vieles von oben herab entschieden wird, dann wird Agile eine Herausforderung für Dich sein. Es wird aber auch für das Unternehmen selbst und seine Führung nicht einfach werden, **einen bestimmten Managementstil** einfach so zu ändern. Denn gerade die Führung wird lernen müssen, loszulassen und Verantwortung und damit auch Kontrolle abzugeben.

Wer jahrelang Abteilungsleiter war, wird sich am Anfang schwertun, jetzt in einem Team zu arbeiten, dem er keine Anweisungen geben darf.

Ein Agile Coach muss dieses Problem rechtzeitig erkennen und eventuell Workshops vorlagern, die alle Beteiligten auf den gleichen Nenner bringen, was das Verständnis von Agile betrifft. Was Du verhindern willst, ist ein Team, das bereit ist, mit Scrum zu arbeiten und jeden Tag einen Produktmanager im Raum stehen hat, der Anweisungen gibt.

Das Gleiche gilt auch für die **Planungsabteilungen** in vielen Firmen. Eine weit verbreitete Praxis, die auch Jahrzehnte lang funktioniert hat, war es, einen Plan zu machen und diesen dann auszuführen. Am Ende des Projekts sah man dann das Ergebnis und etwaige Problem wurden in den Abschlussbericht geschrieben, der dann irgendwo abgelegt wurde. Der Agile Coach ist der natürliche Feind aller Planer, denn Du wirst sie davon überzeugen müssen, dass man viele Dinge eigentlich gar nicht planen kann. Deswegen ist die Planung bei Agile sehr abstrakt und formuliert eher Ziele als Wege. Im Laufe des Projekts werden dann Anpassungen vorgenommen. Solches Planungsdenken ist fest verankert, und Du wirst Dir überlegen müssen, wie Du dieses Denken verändern kannst.

Gerade **Planungen und Festlegungen können sich zu einem Problem** entwickeln. Wenn die Firma, für die Du arbeitest, von Dir erwartet, dass Du dem Management Pläne und Meilensteine vorlegst, oder dass solche Priorität haben und Stützpfeiler des Projektes sind, dann wirst Du mit den agilen Methoden nicht weit kommen, ganz gleich, wie gut Du ein Team auch coachen kannst. Agile ist das Wissen um das Nichtwissen, das Erwarten des Unerwarteten und das Nicht-Planen. Gerade beim Coaching von Management-Ebenen wird es Deine Hauptaufgabe sein, einen Shift vom Planen zum Agilen in den Köpfen zu verankern.

4.1 Coaching von Organisationen

Wenn eine Firma Dich als Agile Coach anheuert, dann wird Deine Aufgabe im Wesentlichen darin bestehen, ein grundlegendes Verständnis für agile Methoden zu vermitteln und die notwendigen Kapazitäten zu schaffen, dass agile Prozesse überhaupt eingesetzt werden können. Bei diesem Job wirst Du viel Überzeugungsarbeit leisten müssen. Ein klassisches Beispiel ist ein mittelständisches Unternehmen, das bislang Software für Kunden im Bankenwesen mit klassischem Wasserfall-Projektmanagement umgesetzt hat. Hier ist die Chance groß, dass Du auf eher konservative Führungskräfte treffen wirst, die ebenso konservative Kunden, nämlich Banker, haben. Für diese steht Sicherheit immer an erster Stelle, und oftmals bedeutet Wandel und Veränderung eine Gefahr für die Sicherheit, auch wenn das objektiv unbegründet ist. Hier wird es weniger die Aufgabe sein zu erklären, welche Aufgabe ein Scrum Master hat, sondern grundlegend zunächst einmal die Ängste zu nehmen und die Führungskräfte langsam an das Thema heranzuführen.

4.2 Coaching von Teams

Die Hauptaufgabe eines Agile Coaches ist in mittleren und großen Unternehmen, die verschiedenen Teams zu coachen, die entweder begonnen haben mit agilen Methoden zu arbeiten oder dies bereits tun. Hier besteht Deine Aufgabe nicht darin, in das jeweilige Projekt einzugreifen, sondern vor allem darin, die Teamleader - zum Beispiel die Scrum Master - in ihrer Arbeit zu unterstützen und ihnen bei der Lösung von Problemen zu helfen. In der Praxis kann das so aussehen:

Eine Firma, die Buchhaltungssoftware erstellt, die auf den Kunden zugeschnitten ist, hat verschiedene Entwicklungsteams weltweit. Diese Teams arbeiten in verschiedenen Zeitzonen, aber haben auch unterschiedliche Arbeitseinstellungen, oftmals kulturell bedingt, oder verschiedene Auffassungen von Prioritäten. Das kann dazu führen, dass es zu Verzögerungen kommen kann, wenn ein Team Produkte für ein anderes Team liefern muss. Auch wenn ein Team in sich betrachtet zum Beispiel hervorragend mit Scrum arbeitet kann es dennoch vorkommen, dass es zu Problemen innerhalb einer Organisation kommt, weil Arbeitsweisen nicht ausreichend harmonisiert sind.

Deine Aufgabe als Coach wird es dann sein, die verschiedenen Teamleader zusammenzubringen und ihnen zu helfen, die agilen Prozesse untereinander besser in Einklang zu bringen.

Woran ein Team-Coach in der Regel arbeitet:

- Verantwortlichkeiten innerhalb von autonomen Teams
- Unterstützung bei der Umsetzung von Maßnahmen
- Dem Team helfen, Entscheidungen besser zu treffen und Konflikte zu lösen
- Transparenz schaffen
- Hürden und Barrieren aufzeigen
- Beziehungen zwischen Product Owner und Team verbessern
- Das Prinzip der Ownership erklären
- Scrum-Techniken verbessern
- Den Scrum Master auf seine Aufgabe vorbereiten

Oftmals wirst Du gerade beim Teamcoaching wie ein Scrum Master arbeiten. Insbesondere am Anfang können der Scrum Master oder andere Rollen mit Dir zusammenarbeiten, bis sie in der Lage sind, ihre Rolle allein auszufüllen.

Typische Aufgaben

Scrum-Meetings durchzuführen

Teams können sich vor allem beim Sprint Planen immer verbessern und Deine Aufgabe ist es, ihnen hierbei zu helfen. Gleiches gilt für andere Scrum Elemente wie Retrospektive, Daily Scrum und Backlog Refinement. Du kannst hier noch vor dem Beginn des Projekts Workshops anbieten, in denen diese Techniken trainiert werden. Gleiches gilt auch für andere Methoden wie Kanban: Hier kannst Du das Team darauf vorbereiten, wie man vor allem eine praktikable Definition of Done formuliert und wie man die Boards am besten unterteilen kann. Denke aber immer daran, dass Du nur Anregungen geben sollst. Das Team soll das Problem selbst lösen.

Gemeinsame Basis schaffen

Gerade wenn Teams neu zusammengestellt werden gibt es unterschiedliche Vorstellungen darüber, wie die Arbeit erledigt werden kann. Es können Fragen aufkommen wie "Darf ein Entwickler auch testen?" oder "Wie lange darf Arbeit bei Kanban geparkt werden?", aber auch wer die Arbeit übernimmt, wenn jemand ausfällt beziehungsweise wie das Team dann die Arbeit verteilt. Auch hier helfen Workshops, in denen Du verschiedene Szenarien durchspielen kannst und dem Team hilfst, seine eigene Arbeitsweise festzulegen.

Der Schatten des Scrum Masters

Was etwas bedrohlich klingt, ist positiv gemeint. Du wirst gerade beim Teamcoaching am Anfang viele Aufgabe des Scrum Masters übernehmen. Deine Aufgabe ist es aber, diese so bald wie möglich abzugeben. Damit jedoch der Teamleiter nicht einfach ins kalte Wasser geworfen wird, solltest Du ihm oder ihr hilfreich zur Seite stehen. Du überwachst nicht oder kontrollierst und gibst auch keine Anweisungen. Dein Job ist zu helfen, wenn der Scrum Master nicht mehr weiterweiß. Du kannst auch Feedback-Sessions veranstalten, wenn das gewünscht wird.

Das Team beobachten

Je mehr Probleme Du am Anfang beobachtest, umso leichter wird es dem Team fallen besser zusammenzuarbeiten. Deswegen schaust Du dem Team über die Schulter, ohne aber Direktiven zu geben. Du wirst als Coach vor allem wissen wollen, wie die Kommunikation untereinander verläuft, ob es Missverständnisse gibt und wie man diese beseitigen kann. Manchmal können diese allein schon dadurch entstehen, dass man unterschiedliche Bezeichnungen verwendet, zum Beispiel englische und deutsche Begriffe.

Team-Diskussionen

Am besten kannst Du feststellen, wie das Team sich fühlt, wenn Du sehr lockere Feedback-Sessions abhältst, die nicht lange dauern müssen und auch einfach zwischendurch gemacht werden können.

4.3 Coaching, um ein agiles Framework einzuführen

Immer dann, wenn ein Team seine Arbeitsweise von einem klassischen Projektmanagement auf eine agile Methode wie Scrum oder Kanban umstellt, wird meistens auch ein Coach ins Boot geholt, der bei diesem Prozess unterstützt und berät. Deine Aufgabe ist es hierbei weniger, Scrum selbst einzuführen, als vielmehr dem Projektmanager und dem Scrum Master dabei zu helfen, das Team für agile Methoden fit zu machen. Nehmen wir an, eine Softwarefirma will effizienter werden, aber nicht gleich die komplette Arbeitsweise umstellen. Man nimmt einen neuen Auftrag zum Anlass, erst einmal ein Team mit Scrum arbeiten zu lassen. Dazu hat man bereits einen Product Owner geschult und einen Scrum Master trainiert. Nun geht es darum, allen Beteiligten Unterstützung zu bieten, und sie in die Lage zu versetzen, aufkommende Schwierigkeiten zu erkennen und selbst zu lösen. Oftmals wird diese Rolle mit der des Scrum Masters verwechselt, wobei sich beide Rollen jedoch unterscheiden. Ein wesentlicher Unterschied ist, dass Du auch der Coach des Scrum Masters bist.

Wenn es darum geht eine agile Methode technisch umzusetzen, dann wird vor allem Deine Expertise und Deine Erfahrung mit Projekten gefragt sein. Hier zahlt es sich aus, wenn Du vorher schon Rollen in Scrum oder anderen Techniken innehattest. Deine Aufgabe ist es, technische Kompetenzen zu verbessern. Solche können sein:

Wie man besser Code schreiben kann: Jedes Team entwickelt bestimmte Eigenarten, die man manchmal verändern muss

- Clean Coding Practices erklären und im Team einführen
- Dem Team helfen, den bisherigen Code in einen sauberen und strukturierten Code zu überführen
- Test-Szenarien formulieren
- Zu helfen, dass mehr und intensiver getestet wird, um ein Test Driven Environment einzuführen
- Tests automatisieren
- Neue Arbeitsmethoden einführen

Sehr oft wirst Du auch mit einem Teammitglied zusammensitzen und ihr werdet gemeinsam an Code (Pair-Coding) arbeiten. Das ist eine sehr effiziente Methode, weil sie ein intensives Training ist und gleichzeitig auch echte Arbeit erledigt wird. Du wirst allerdings Selbstdisziplin aufbringen müssen, damit Du nicht Deine gesamte Zeit damit verbringst, neben Entwicklern zu sitzen. Gerade wenn Du selbst Programmierer bist, kann das manchmal verlockend sein.

Hier einmal die Aufgaben eines Agile Coaches für eine Einführung von Methoden wie Scrum im Überblick:

- **Scrum-Events begleiten**. Teams haben oft eine Menge Verbesserungspotenzial bei der Sprint Planning, Daily Scrum, Review und Retrospective und dem Backlog Refinement. Ein Coach kann solche Abläufe zunächst mit Workshops durchspielen und an diversen Modellen ausprobieren.
- **Schulungen und Workshops** zum gemeinsamen Erstellen von Arbeitsregeln. Ein gutes Verständnis von Scrum und selbstverwaltenden Teams ist notwendig, bevor ein Team seine Reise als ein solches selbstverwaltendes Team beginnt.

- **Über die Schultern schauen.** Ein Teamcoach ist oft ein temporärer Scrum Master. Aber nach einer Weile übergibt er den Scrum Master Job normalerweise an jemand anderen. Er verbringt viel Zeit damit, dem Scrum Master Dinge zu erklären und ihn zu coachen, indem er ihm über die Schulter schaut und Feedback gibt.
- **Beobachtung und Eins-zu-eins-Diskussion.** Ein Teamcoach wird viel Zeit darauf verwenden, einfach zu beobachten, wie das Team und seine Umgebung vorgehen, nach Verbesserungsmöglichkeiten Ausschau halten, Feedback geben und Fragen stellen, die dem Team helfen zu reflektieren.
- **Diskussionen** mit den Team-Mitgliedern über die Teamkonstellation- und Kollaboration, Scrum sowie Praktiken von Wertschätzung innerhalb des Teams.

5. Grundlagen von Agile Coaching

Bevor Du lernst, welche Schritte Du als Agile Coach machen wirst, solltest Du noch einige Grundlagen des agilen Coachings kennen. Eine davon ist, dass Du natürlich mit den wesentlichen Agile Frameworks vertraut sein solltest, zumindest Scrum und Kanban. Ideal ist es, wenn Du zuvor auch selbst Projekte mit Scrum oder Ähnlichem durchgeführt hast oder zumindest Teil eines solchen Team warst. Meistens hast Du dann ein wesentlich besseres Verständnis dessen, was in einem solchen Projekt abläuft. Solltest Du noch keine Kenntnisse in dieser Hinsicht haben, dann sei Dir dringend angeraten, Dir diese anzulesen oder einen entsprechenden Workshop zu besuchen.

5.1 Warum Teamarbeit wichtiger ist als der Coach

Im **Sportbereich** ist es die wesentliche Aufgabe des Trainers ein Team aufzustellen, das hervorragende Ergebnisse liefert - also Spiele gewinnt und Meister wird. Das bedeutet zum einen, dass der Trainer eine Menge über seine Sportart wissen muss, weshalb viele erfolgreiche Trainer auch ehemalige Spitzensportler sind. Sie arbeiten meistens daran, die Fähigkeiten der einzelnen Spieler zu verbessern, die Mannschaft taktisch richtig aufzustellen und sie entsprechend zu motivieren. Aber ohne die Mitarbeit des Teams geht das nicht. Meistens wird im Fußball ein Trainer dann entlassen, wenn er das Team nicht mehr weiterentwickeln, motivieren oder taktisch richtig aufstellen kann.

Als **Agile Coach** stehst Du vor ähnlichen, aber nicht den gleichen Aufgaben: Du wirst schauen müssen, wer im Team in welchem Bereich am besten ist und wie diese Personen eingesetzt und motiviert werden können. Du willst aber keinen Star-Stürmer, dem die anderen die Bälle zuspielen müssen. In der Softwareentwicklung kommt es vor allem darauf an, dass das Team zusammenarbeiten kann. Du musst ihm helfen zu kollaborieren und die Arbeit so zu organisieren, dass sie reibungslos und vor allem gleichmäßig abläuft. Du wirst Flaschenhälse erkennen müssen und diese mit dem Team zusammen beseitigen.

Der **große Unterschied zum Fußballtrainer** ist, dass Du keine Anweisungen gibst. Du stehst nicht am Rand und fuchtelst mit den Armen und oder schreist den Torwart an. Stattdessen sorgst Du für Ruhe und dafür, dass jeder seine Arbeit machen kann. Das mag zwar weniger emotional sein, aber Du musst Dein Team auch länger als nur 90 Minuten am Laufen halten.

5.2 Welche Bedeutung das Agile Manifest für das Coaching hat

Die Basis der agilen Softwareentwicklung, aber auch aller anderen agilen Techniken, wird im agilen Manifest dargelegt, in dem die wichtigsten Grundregeln festgeschrieben sind. Es ist so etwas wie das Grundgesetz der agilen Bewegung, und als Coach solltest Du es nicht nur kennen, sondern auch verinnerlichen.

Manifest für Agile Softwareentwicklung

„Wir erschließen bessere Wege, Software zu entwickeln, indem wir es selbst tun und anderen dabei helfen.

Durch diese Tätigkeit haben wir diese Werte zu schätzen gelernt:

- Individuen und Interaktionen mehr als Prozesse und Werkzeuge
- Funktionierende Software mehr als umfassende Dokumentation
- Zusammenarbeit mit dem Kunden mehr als Vertragsverhandlung
- Reagieren auf Veränderung mehr als das Befolgen eines Plans

Das heißt, obwohl wir die Werte auf der rechten Seite wichtig finden, schätzen wir die Werte auf der linken Seite höher ein.“[3]

---

[3] Agilemanifesto.org: Manifesto for Agile Software Development. URL: http://agilemanifesto.org/ [Stand: 14-07-2018]

Für Dich als Agile Coach bedeutet das, dass Dein Fokus immer mehr auf den beteiligten Menschen liegt und nicht darauf, dass **organisatorische oder funktionale Regeln** eingehalten werden. Es heißt auch, dass es darum geht, ein funktionierendes Produkt zu entwickeln und Du Dein Team in diese Richtung lenken musst. **Zusammenarbeit** wird auch soweit verstanden, dass der Kunde und Endnutzer so früh und so weit wie möglich eingebunden werden, und nicht erst bei Vertragsabschluss und bei der Ablieferung der Software. Schließlich ist **Flexibilität** das wichtigste Element bei einem agilen Projekt: Du wirst jederzeit in der Lage sein müssen, etwas ändern zu können, einen Prozess, Teammitglieder, den Scope, die Abfolge, den Zeitplan. Gerade wenn Du mehrere Teams oder Organisationen trainierst wird das einer der schwierigsten Punkte sein, denn je größer und je eingefahrener eine Organisation ist, umso stärker hält sie an Planungen fest.

6. Die drei Schritte des Agile Coaching

So wie jeder Trainer im Sport im Laufe der Zeit seine eigenen Methoden entwickelt hat, so wirst auch Du als Coach Deine eigenen Tipps und Tricks haben. Es gibt aber zumindest drei Schritte oder Phasen, durch die jeder Coach geht, und die bei fast allen Projekten gleich sind. Unterschiedlich sind lediglich die Längen der Phasen, was meistens davon abhängt, wie gut Du ein Unternehmen und das Team bereits kennst.

6.1 Die Lage einschätzen

Bevor Du überhaupt das erste Mal ein Team triffst, solltest Du erst einmal schauen, wo Du Dich befindest. Das ist durchaus auch wörtlich gemeint: Wirst Du als externer Berater von einer Firma angestellt, dann solltest Du zunächst einmal durch das Gebäude gehen und ein Gefühl dafür bekommen, wie hier gearbeitet wird. Sitzen die Mitarbeiter viel zusammen, gibt es viele Teambereiche oder nur eine Handvoll Konferenzräume, wird im Großraumbüro mit Trennwänden gearbeitet oder teilen sich die Angestellten Tische und Arbeitsbereiche? Gibt es eine Kaffeeküche und andere Räume oder Bereiche, in denen man sich kurz ablenken oder ausruhen kann?

Wenn Du Dich dann das erste Mal mit dem Team triffst, ist es wichtig, dass Du bei diesen Treffen Deinen Platz findest. Auch das kannst Du zunächst buchstäblich verstehen:

Sitzt Du am Kopfende des Tisches oder in der Mitte oder an einem der seitlichen Stühle?

Du solltest davon absehen, den Chefplatz einzunehmen, weil das ein falsches Signal an das Team senden könnte. Am besten ist ein runder Tisch, wenn es den nicht gibt, setze Dich an eine der Längsseiten.

Nachdem Du Dich dem Team kurz vorgestellt hast (insbesondere Deinen Lebenslauf und was Du sonst so machst), kannst Du grob umreißen, was Dein Job hier ist. Gehe dabei noch nicht zu sehr ins Detail, denn Du willst zunächst einmal wissen, was die Mitarbeiter brauchen und wollen.

Bei manchen Projekten wirst Du auch zunächst mit dem Management sprechen, oder der Projektleitung oder zum Beispiel nur mit dem Scrum Master. Das Verfahren ist aber immer das gleiche:

Versuche herauszufinden, wo es Probleme geben kann und wie Du helfen kannst.

Nicht immer ist es für Führungskräfte einfach einzugestehen, dass man Hilfe braucht. Die Tatsache, dass man Dich geholt hat, zeigt aber, dass man zumindest grundsätzlich bereit ist, Hilfe anzunehmen. Du wirst auch erleben, dass man den Coach schlichtweg nur deshalb holt, weil man keine eigenen Kapazitäten hat und möglichst schnell ein Scrum Projekt auf die Beine stellen will. Bei größeren Organisationen kann es passieren, dass Du auch einen anderen Coach ablösen sollst, weil man mit diesem oder dieser nicht zufrieden ist.

Sollten Teams bereits mit agilen Methoden arbeiten, solltest Du zunächst einige Zeit damit verbringen zu beobachten, wie das gemacht wird. Stelle Fragen, um die Arbeitsweise zu verstehen, aber vermeide es, Vorschläge zu machen, wie man etwas verbessern kann, oder Kritik auszuüben.

Dein Job hier ist es, so viel wie möglich zu verstehen und zu erfahren.

Es wird immer wieder vorkommen, dass ein Team oder Führungskräfte erst einmal Widerstand zeigen, und das aus unterschiedlichen Gründen: Sie haben Angst vor Veränderung, sie sind vorher nicht gefragt worden oder aber sie sind einfach zu beschäftigt und haben eigentlich keine Zeit. Es gibt viele Wege, solche Widerstände abzubauen. Das Unternehmen selbst kann schon, bevor es Dich überhaupt einstellt, die Mitarbeiter in das Projekt mit einbeziehen. Auch Deine Vorstellung und Einführung kann entscheidend sein: Wirst Du als externer Experte bezeichnet, der hier Dinge in Ordnung bringen soll, kann das eher kontraproduktiv sein. Besser ist es Dich als Helfer darzustellen, der eine neue Sicht auf die Dinge aufzeigen soll. In manchen Firmen kann es zudem hilfreich sein, wenn Du auf bisherige Projekte verweist und wie Du dort gearbeitet hast.

Du solltest aber nicht übertreiben und mit Deinen Erfolgen angeben.

Nach dieser Explorationsphase wirst Du Dich an die Arbeit machen, den genauen Umfang Deiner Arbeit festzulegen. Je genauer Du beobachtet hast, um so besser wirst Du diesen Anforderungskatalog formulieren können. Er geht weit über das Briefing hinaus, welches Du von Unternehmen bekommen hast. In der Regel wird ein solcher Vorbericht auch von Deinen Auftraggebern verlangt, bevor Du den gesamten Auftrag erhältst. Wahrscheinlich wirst Du eine Menge von Problemen und Dingen entdecken, die man verbessern kann. Du solltest Dich aber ausschließlich auf die Bereiche konzentrieren, in denen ein Coaching Abhilfe schaffen kann. Wenn ein Scrum-Meeting abends statt morgens stattfindet, ist das wenig sinnvoll, fällt aber nicht in Deinen Aufgabenbereich. Für Dich ist interessant, warum man das gemacht hat und wer es vorgeschlagen (oder angeordnet hat).

Versuche am besten eine Liste zu erstellen mit den Aufgaben, die Dir am dringlichsten erscheinen und von denen Du glaubst, dass Coaching helfen kann. So eine Liste kann beinhalten:

- Teambuilding
- Allgemeines Scrum Training
- Einführung in Agile
- Außenansichten vermitteln
- Workshops
- Wie man Sprints besser plant
- Balance schaffen zwischen Stakeholdern
- Wie man kollaboriert
- Teams ohne Chef

Diese Liste soll Dir nur ein paar Ideen geben, was alles eine Priorität haben kann. Wahrscheinlich wirst Du anhand der Beobachtungen im Unternehmen und den Mitarbeitergesprächen am ehesten erkennen, wo es noch Bedarf für Verbesserungen gibt. Ein Coach wird übrigens nicht nur gerufen, um Probleme zu lösen. Er kann auch dabei helfen, ein ohnehin schon funktionierendes und erfolgreiches Team schlichtweg weiterzuführen oder zu verbessern.

6.1.1 Champions finden

Eine echte Hilfe wird es Dir sein, wenn Du innerhalb des Teams Champions finden kannst. Darunter versteht man jene Mitarbeiter, die das, was du erklärst schnell verstehen und in der Lage sind, es auch anderen zu vermitteln. Sie sind Deine Verbündete und vieles wird Dir einfacher fallen, wenn Du Champions als Helfer hast.

Ein deutscher Softwareentwickler, Karsten Aichholz, hat diese Erfahrung in einem multikulturellen Umfeld gemacht. Er leitete eine Softwarefirma in Thailand, und das bedeutete viele Sprachprobleme, auch wenn die Firmensprache Englisch war. Außerdem gab es Unterschiede in der Hinsicht, wie bestimmte Dinge verstanden wurden. Seine Methode bestand darin, zunächst einmal dem ganzen Team zu erklären, was gemacht werden soll und sich dann auf seine Champions zu verlassen, die das Gesagte dann nochmals den Teammitgliedern erläuterten. Damit stellte er zum einen sicher, dass alle gemeinsam unterrichtet wurden und er nicht nur, wie in einer hierarchischen Struktur, zu Abteilungsleitern sprach, aber gleichzeitig auch dass die Informationen auch wirklich bei allen ankamen und verstanden wurden. Gab es Nachfragen, konnten diese sowohl von den Champions als auch von den Mitarbeitern gestellt werden.

Als Agile Coach wirst Du froh sein, wenn Du solche Übersetzer zur Seite hast, selbst wenn es nicht um Sprach- und Kulturprobleme geht.

6.1.2 Einen Mentor finden

Wenn Du das erste Mal als Agile Coach arbeitest, kann es nützlich sein, dass Du Dir selbst einen Mentor an die Seite holst, der Dir beim Reflektieren hilft. Diese Person muss nicht beim Projekt selbst anwesend sein, sondern kann sich ein- bis zweimal die Woche mit Dir zusammensetzen, um über die bisherige Coach-Arbeit zu sprechen. Ein Mentor sollte ein erfahrener Agile Coach sein, der selbst auch schon agile Projekte durchgeführt oder zumindest in solchen mitgearbeitet hat. Seine Aufgabe ist es, den Coach zu coachen, Dir Unterstützung und vor allem Mut zu geben und Dir zuzuhören. Du wirst gerade am Anfang froh sein, wenn Du mit jemanden über Deine ersten Schritte als Coach sprechen kannst und über Schwierigkeiten, die aufgetreten sind, ebenso wie über die ersten Erfolge, die Du erlebt hast.

6.1.3 Zuhören will gelernt sein

Ein guter Coach ist ein guter Zuhörer. Du wirst Dein Team vor allem dann voranbringen können, wenn Du ihm zuhörst. Aber Zuhören will gelernt sein. Gerade als Fachmann weißt Du vieles besser. Rachel Davies and Liz Sedley geben in ihrem Standardwerk "Agile Coaching"[4] Tipps, wie man ein guter Zuhörer wird und welche Signale Du aussenden kannst, damit Dein Gegenüber auch weiß, dass Du zuhörst:

- Schaffe Platz und Raum: Gehe nicht einfach ins Meeting und rede über Dich selbst. Wenn es in Konversationen Pausen gibt, musst Du diese nicht unbedingt füllen.
- Sei offen: Habe einen entspannten und offenen Gesichtsausdruck, wirke nicht angespannt und zu konzentriert. Das Team könnte sonst denken, Du beurteilst es.
- Zeige Interesse: Benutze Deine Augen, schaue anderen ins Gesicht und stelle immer wieder Augenkontakt mit den Teammitgliedern her, ohne sie anzustarren. So kannst Du zeigen, dass Du auch wirklich bei ihnen bist.

[4] Davies R. / Sedley, L.: Agile Coaching (2009)

- Bestätige: Nicke, wenn Du etwas verstanden hast, oder gib eine andere Rückmeldung, wie ein "Ja", "Hm" oder Ähnliches.

7. Das aktive Coaching

Nachdem Du alle Beobachtungen analysiert hast und Dir eine Liste mit den wichtigsten Punkten zusammengestellt hast, kommt der Tag, an dem Du erstmals mit dem Team zusammenkommst, um zu arbeiten. War die Einführung noch eine eher formale Angelegenheit, so kommt es jetzt darauf an, den richtigen Ton zu treffen, die richtige Einstellung und bisweilen auch Verhalten zu finden. Vieles was ein Coach macht, geschieht unterbewusst, und es ist nur positiv, wenn Du einige Tricks kennst, die beim Coachen hilfreich sind.

Wie so etwas in der Praxis geschieht, und welchen Herausforderungen Du gegenüberstehen wirst, haben Sabrina Spiegel und Stefan Zumbrägel[5] beschrieben:

"In der gemeinsamen Arbeit beim Kunden, haben (wir) bemerkt, dass sich die Teams schwer damit getan haben ein Sprintziel zu formulieren. Das Ergebnis waren

---

[5] Spiegel, S. / Zumbrägel, S.: Coaching Tipps: Hier finden Sie hilfreiche Tipps für den Alltag von Scrum Mastern, Agile Coaches und Agile Leader - Von der Wirkung aus gedacht. URL: https://www.it-agile.de/wissen/coachingtipps/ [Stand: 20-07-2018]

Ziele wie „alle Items müssen fertig werden“ oder „an Kontent XY wird weitergearbeitet“. Das Problem dieser Ziele war, dass sie niemand mehr beachtet hat. Der Fokus auf zu erstellende Features brachte auch im Sprint Review Probleme bei der Vorstellung der Sprint Ergebnisse. Um diesem Problem zu begegnen, haben wir uns eines Punktes aus dem Bereich User Story Mapping bedient: von der Wirkung her denken. Wie verändert sich dadurch das Sprintziel?

Bei der Suche nach einem Sprintziel haben wir uns mit dem Team die Frage gestellt: Was verändert sich spürbar oder sichtbar für den Benutzer durch die Entwicklung in diesem Sprint? Und vielleicht noch viel wichtiger: Welchen Mehrwert hat er davon, wenn wir z.B. 2 Wochen an dem Produkt gearbeitet haben?

Das hatte verschiedene positive Effekte auf die Arbeit im Team:

- *in jedem Sprint entstand ein MVP, Minimal Viable Product, und damit die Möglichkeit Feedback zu bekommen*
- *Flexibilität in der Featureausgestaltung während des Sprints*

- *besseres Feedback im Review*
- *ein viel stärkerer Fokus auf den Benutzer*

Spannend ist auch, dass wir dieses Denke(n) im Weiteren auch auf die Planung von Releases übertragen konnten."

7.1 Warum man nicht auf alles eine Antwort hat

Deine Aufgabe als Trainer und Coach ist nicht, Wissen zu vermitteln. Das können die Teammitglieder sich anderweitig besorgen. Wer also wissen will, welche Testverfahren die besten sind, kann das selbst nachlesen. Wenn es aber darum geht herauszufinden, welche Testverfahren am besten für das aktuelle Projekt sind, kannst Du dem Team dabei helfen, Kriterien festzulegen und ein Auswahlverfahren zu erstellen. Die Teammitglieder wissen am besten was und wie getestet werden muss und müssen am Ende auch mit dem Testverfahren arbeiten können. Im Agile Coaching hast Du immer zwei Hüte auf: Zum einen bist Du Coach und Facilitator, zum anderen Lehrer und Mentor für das

Team. Mit dem ersten Hut versuchst Du Prozesse in Gang zu setzen oder zu überschauen. Das bedeutet zum Beispiel, dass es Deine Aufgabe ist, ein Meeting einzuberufen und vielleicht in Absprache eine Agenda aufzusetzen, aber es ist nicht Dein Job, bei den Inhalten mitzudiskutieren. Als Lehrer und Mentor hingegen kannst Du Dein Fachwissen einbringen, zum Beispiel in dem Du darlegst, wie in einem anderen Unternehmen ein ähnliches Problem gelöst wurde oder alternative Wege darlegst, die man gehen kann (zum Beispiel wenn es um verschiedene Programmiersprachen geht oder darum, zu erklären, was man unter Clean Code Praxis versteht).

Du wirst Deinem Team vermitteln müssen, dass Du nicht das Internet oder Wikipedia bist.

Deine Aufgabe ist nicht auf alles eine Antwort zu haben, sondern andere zu befähigen, die Antwort zu finden. Und das beinhaltet auch, dass es Situationen geben kann, die selbst einen Coach überfordern können – wenn zum Beispiel bestimmte Teammitglieder sich einfach nicht an gewisse Regeln halten wollen. In diesem Fall gibt es keine pauschale Lösung, und Du wirst Optionen von einem Mitarbeitergespräch bis hin zur Kündigung in Betracht ziehen müssen.

7.2 Veränderungen verkaufen

Eine der schwierigsten Aufgaben als Agile Coach, vor allem wenn es um die Einführung von agilen Methoden in Organisationen und größeren Teams geht, ist die Veränderung zu verkaufen. Denn selbst wenn von ganz oben entschieden wurde, dass man jetzt eine agile Methode einsetzt, heißt das noch lange nicht, dass das unten mit einem Feuerwerk gefeiert wird. Deine Aufgabe ist es deshalb auch, Spannungen herauszunehmen. Ein Ansatz dabei für Dich ist, die Veränderungen zu "verkaufen". Du wirst Dir eine Marketingstrategie zurechtlegen müssen, um die Mitarbeiter nicht nur zu überzeugen, sondern um sie auch zu begeistern. Wie bei allen Veränderungen und Käufen steht dabei eine bestimmte Frage im Mittelpunkt: Was habe ich davon? Du wirst Antworten darauf finden müssen, aber um Dir das Leben etwas leichter zu machen, hier schon einmal eine Auswahl an Argumenten, die für einen Wechsel zu einer agilen Methode sprechen:

Mehr Eigenverantwortung: Auch wenn es immer Mitarbeiter gibt, die nur ausführen wollen wirst Du mit diesem Argument jene begeistern können, die es leid sind, nur Anordnungen zu befolgen.

Echte Teamarbeit: In einem Team bei agilen Prozessen sind alle Mitglieder gleichberechtigt, und helfen sich gegenseitig, wo und wann auch immer Not am Mann ist. Die Mitarbeiter sind nicht auf sich allein gestellt.

Fehler machen dürfen: Auch wenn Du die Teammitglieder nicht auffordern solltest, Fehler zu machen, so kannst Du ihnen zumindest die Angst vor Fehlern nehmen. In Agile ist ein Fehler etwas, woraus das Team lernen kann und wird daher nicht persönlich genommen.

Übersichtliche Arbeit: In einem agilen Projekt haben die Mitarbeiter auch stets das gesamte Bild vor Augen, nicht nur die Teile, an denen sie selbst arbeiten. Sie verstehen das Projekt besser und können auch einschätzen, wie groß ihr Anteil daran ist.

Arbeit selbst holen: In den meisten agilen Projekten können sich Mitarbeiter die Arbeit nehmen, von der sie glauben, dass sie sie am besten machen können. Das geschieht zwar auch in Absprache mit dem Team, aber die einzelnen Mitglieder können sich und ihre Qualifikationen besser einbringen als in klassischen Wasserfall-Projekten, wo die Arbeit zugeordnet wird, oftmals wohlgemerkt nicht nach Fähigkeiten, sondern danach, wer gerade frei ist.

Du kannst Dir auch mit einer Tabelle helfen, die recht anschaulich zeigt, welche Hürden zu überwinden sind. In jedem Unternehmen gibt es das Verhalten, dass man glaubt, dass das was man macht, nicht nur richtig ist, sondern zudem auch der einzige und beste Weg. Es zeigt auch anschaulich den Unterschied zwischen dem Industriezeitalter, welches vor allem von Produktion geprägt war, und dem modernen, komplexen Computerzeitalter, welches auf Dienstleistungen basiert.

Glauben im Industriezeitalter	Glauben im Computerzeitalter
Wir können die Arbeit planen und nach Plan	Planen ist wichtig, Pläne sind unwichtig

arbeiten	
Man kann die drei Elemente Umfang, Budget und Zeit beliebig gegeneinander austauschen, um Probleme zu lösen	Zeit und Budget sind Konstanten, lediglich der Umfang der Arbeit kann verändert werden
Ein Plan wird mit der Zeit immer besser, wenn wir in die Phasen Anforderungen, Design, Entwicklung, Testen und Auslieferung gehen	Ein Plan wird mit der Zeit immer besser, weil er permanent überprüft und an das Team und seine Performance angepasst wird.
Man kann Probleme später immer mit einem Change Request versuchen zu lösen	Der Umfang (Scope) ist flexible und Änderungswünsche sind jederzeit willkommen.
Mein Job ist es, den Plan zu überwachen	Ich kann keinen Plan kontrollieren. Das Team in die Arme von Agile zu übergeben ist meine

	einzige Chance, etwas zu kontrollieren. Also coache ich das Team, damit sie agiler werden.
Aufgaben fertig zu stellen und Meilensteine zu erreichen, zeigt den Fortschritt des Projekts.	Nur fertige Produkte zeigen an, wie weit ein Projekt gekommen ist.

Tabelle nach "Coaching Agile Teams" von Lyssa Adkins, 2010, Addison--Wesley.

Du wirst meistens aus zwei Gründen als Coach hinzugezogen werden: Entweder um Teams und Einzelpersonen als eine Art Mentor dabei zu unterstützen, agile Methoden einzuführen, oder aber um ihnen konkret dabei zu helfen, diese auch umzusetzen. Bei Fußball ist das beispielsweise etwa so, wie der Unterschied zwischen dem Erklären der Strategie und dem Training auf dem Platz.

Die oben genannten Argumente eignen sich recht gut, um ein Team auf die Veränderungen vorzubereiten, die mit Scrum und anderen Methoden kommen werden.

Als Agile Coach wirst Du dem Team aber auch zeigen müssen, wie man das auch wirklich umsetzt.

Wenn ein solches Coaching Deine Aufgabe ist, dann hier nochmals der dringende Rat, dass Du darin auch wirklich kompetent sein solltest. Ein Fußballtrainer, der keinen ordentlichen Freistoß schießen und nicht einmal ein wenig dribbeln kann, wird nicht ernst genommen. Es ist immer besser, wenn Du selbst an Scrum- oder Kanban-Projekten mitgearbeitet hast und vielleicht sogar Product Owner oder Scrum Master warst, bevor Du einen Coaching-Job annimmst.

7.3 Coaching Sessions

Die meiste Zeit wird das Coaching in **Coaching Sessions** abgehalten, zu denen das Team einberufen wird. Das Problem dabei ist oft, dass dies noch ein weiteres Meeting ist, welches die Mitarbeiter von ihren eigentlichen Aufgaben abhält. Es ist mittlerweile üblich geworden, diese Meetings auf ein Minimum zu reduzieren, zumal es beispielsweise bei Scrum ohnehin schon viele Zusammenkünfte gibt. Als effektiv haben sich eher informelle Gespräche erwiesen, die im amerikanischen Raum **Brown Bag Sessions** genannt werden. Die Mitarbeiter bringen ihr Mittagessen – oft ein Sandwich oder einen Burger – meistens in einer braunen Papiertüte mit, und man spricht während der Mittagspause über Probleme im Projekt. Das funktioniert jedoch nicht in jeder Firma, insbesondere dort, wo die Mittagspause heilig ist, solltest Du Dir diese Art der Gesprächsführung genauestens überlegen. Und natürlich darfst Du es auch nicht übertreiben und dem Team permanent die Mittagspause stehlen. Die Brown Bag Sessions sind aber immer dann effektiv, wenn es akute Dinge zu besprechen gibt.

Als Beispiel sei an dieser Stelle angeführt, wie Du das Thema Sprint Goals einbringen kannst. Hierzu wirst Du einen Meetingraum brauchen und nach Möglichkeit ein Whiteboard oder ein Flipchart. Özmen Adibelli arbeitet als Agile Coach bei ACM, einer Softwarefirma. Er hat in einem Blogbeitrag[6] beschrieben, wie er versucht hat dem Team Sprint Goals weniger als Lehrer, sondern vielmehr als Facilitator zu erklären. Dabei können offene Fragen helfen.

Was machen wir hier?

Nachdem Du die Teilnehmer des Workshops begrüßt hast, fragst Du, warum alle heute zusammengekommen sind. Die meisten werden die Frage nicht erwartet haben, und wissen, dass die Antwort "weil wir einen Workshop machen" nicht wirklich die ist, auf die Du hinauswillst. Es geht aber auch gar nicht um die richtige Antwort, sondern darum, gleich deutlich zu machen, dass hier aktive Mitarbeit gewünscht ist. Dein Workshop ist nichts, wo man sich zurücklehnt und unter dem Tisch Facebook-Nachrichten liest. Um das klar

---

[6] Adibelle, Ö.: How to Facilitate a Scrum Sprint Goal Session (2018). URL: http://www.scrumexpert.com/knowledge/how-to-facilitate-a-scrum-sprint-goal-session/ [Stand: 25-08-2018]

zu machen, ist es besser, gleich am Anfang die Teilnehmer mit einzubeziehen. Özmen Adibelli würde dann an dieser Stelle erste Grundinformationen über das Sprint Goal geben und wie man lernen kann, diese Ziele zu formulieren und zu erreichen. Eine weitere Frage, die er gerne stellt ist, wie oft Sprint Goals im Scrum Guide genannt werden. Einige werden die Zahl Null nennen, andere Zahlen zwischen 5 und 10. Die richtige Antwort ist 26. Auch hier geht es nicht darum, wer diese Zahl wirklich kennt. Es geht darum, darzustellen, wie wichtig Scrum Goals sind. Diese kleinen Übungen dienen dazu, das Eis zu brechen und jeden einmal sprechen zu lassen. Meistens fällt es leichter, erneut zu sprechen, wenn man das bereits einmal getan hat.

Als Moderator ist jeder Workshop etwas Besonderes für Dich, Du hast Dich darauf vorbereitet, nimmst die Herausforderung an und bist gespannt, wer die Teilnehmer sind. Deine Aufregung muss aber nicht unbedingt von den Teilnehmern geteilt werden. Für sie ist der Workshop meistens verpflichtend, hält sie von ihrer regulären Arbeit ab und ist für manche nur noch ein weiteres Meeting auf einer langen Liste von Meetings.

Was und Warum

Natürlich kommt ein Coach bei einem Workshop über Sprint Goals nicht umhin, auch einige grundlegenden Kenntnisse zu vermitteln. Als Fachleute auf diesem Gebiet neigen wir oftmals dazu, zu glauben, wir müssten alle Aspekte darlegen, bis ins kleinste Detail, und die Teilnehmer sind dabei stets wissbegierig und wollen das alles genauso lernen. Leider sieht die Realität etwas anders aus. Zuhören ist eine sehr schlechte Art um zu lernen. Ein Lehrer in der Schule hat deshalb eine Tafel: Um Dinge zu visualisieren, und seien es nur Wörter. Wir können uns bildliche Elemente einfacher merken. Im Falle des Sprint Goals Workshops benutzt Özmen Adibelli daher meistens kleine Mindmaps. Diese haben den Vorteil, dass man sie langsam entwickeln kann, aber jeder Beteiligte immer auch den Gesamtüberblick hat. Außerdem helfen sie Dir als Coach zu sehen, wo Du gerade bist. Du kannst daher auch einfacher hin und herspringen.

Eigene Erfahrungen

Die meisten Teilnehmer werden schon einmal mit Sprint Goals in Kontakt gekommen sein, und jetzt ist eine gute Gelegenheit sie danach zu befragen.

- Welche Erfahrungen haben sie gemacht?

- Was war gut?
- Was war nicht so gut?

Es geht hierbei eher um kurze Antworten und nicht jeder muss diese Fragen beantworten. Die Antworten, die gegeben wurden, können aber später hilfreich sein, und deshalb solltest Du sie auch in Stichwörtern auf das Whiteboard oder Flipchart schreiben.

Wie?

Wenn Du das Thema Was und Warum behandelt hast, wird es Zeit sich um das Wie zu kümmern. Deine Teilnehmer sind nun in der Lage, mit Dir, aber auch untereinander, zu interagieren. Nun fragst Du sie, wie sie ein Sprint-Goal formulieren. Du schreibst ihre Vorschläge auf der Tafel nieder. Das bindet die Teilnehmer ein, hält sie wach und sie haben das Gefühl, dass ihre Teilnahme einen Wert hat.

Als Workshopleiter wirst Du immer wieder Überraschungen erleben. Du wirst sehen, dass aktive Teilnehmer Dinge bemerken, auf die Du nie gekommen wärst. Deswegen ist es wichtig, dass Du in der Lage bist, Dich ihnen immer wieder anzupassen. Özmen Adibelli erzählt aus seiner Praxis:

“Ich hatte 'Was wenn-Fälle' in einem bestimmten Teil des Workshops geplant. Aber die Leute wollten nicht warten bis sie zu diesem Punkt kamen. Sie fragten das schon im Wie-Teil. Also habe ich beide Teile einfach zusammengenommen. Ich habe aber darauf geachtet, dass klar ist, welches Beispiel sich auf welchen Teil beziehen. So konnten wir Wie, Was und Warum zusammen diskutieren, ohne dass es aber verwässert wurde.”

Was wenn?

Fragen, die an Dich gestellt werden, verleiten Dich oft dazu, eine direkte Antwort zu geben. Schließlich bist Du der Experte und kennst die Antwort. Das hilft aber nicht immer dem Team. Du solltest zwei Dinge im Hinterkopf haben, bevor Du die richtige Antwort gibst:

1. Du kennst nicht immer die Absicht, die hinter einer Frage steckt. Deshalb versuche die Frage erst einmal zusammenzufassen und frage zurück, ob Du sie so richtig verstanden hast.

2. Frage die anderen Mitglieder, welche Antwort sie geben würden. Nicht immer gibt es nur eine richtige Antwort und oft entstehen wertvolle Diskussionen und Austausch, den es bei einer schnellen Antwort von Dir in dieser Form nicht gegeben hätte.

Der Rat von Özmen Adibelli an einen Coach: Auch wenn Du Deine eigenen Vorstellungen und Ideen hast, denke daran, dass andere unterschiedliche Herangehensweisen haben und jeder unterschiedlich lernt. Denke an den alten Spruch "Nichts von dem was ich sage ist notwendigerweise richtig oder falsch." Versuche deshalb die Teilnehmer so weit wie möglich zum Mitmachen zu bewegen, freue Dich über das Feedback und sei jederzeit in der Lage, auch etwas zu ändern.

7.4 Wie man als Coach am besten fragt

Es ist schon eine Binsenweisheit, dass man geschlossene Fragen vermeiden soll – also jene, die mit Ja oder Nein beantwortet werden können – wenn man eine aussagekräftige Antwort erhalten möchte, und dennoch ertappen wir uns immer wieder dabei, solche Fragen zu stellen. Als Coach wirst Du besonders darauf achten müssen, wie Fragen an Mitarbeiter gestellt werden. Hier einige Beispiele:

Sind die Prioritäten im Produktkatalog gut geordnet?	→	Was würdest Du bei der Ordnung verändern?
Hast Du genügend Arbeit in den Sprints?	→	Welche freien Kapazitäten hast Du noch?
Hat das Team Scrum als Methode verstanden?	→	Was muss noch erklärt werden?

Sind alle Teammitglieder mit ihren Rollen zufrieden	→	Welche Rollen müssen geändert werden?

Etwas, das man als Coach ebenfalls vermeiden soll, ist es, das Team oder einzelne Mitglieder nach dem Warum zu fragen. Diese Frage musst Du Dir selbst stellen, im Team kann das aber als Druck oder Kritik empfunden werden. Wenn ein Sprint zum Beispiel nicht nach dem vereinbarten Zeitraum abgebrochen wurde, dann solltest Du nicht die Mitarbeiter fragen, warum sie das gemacht haben. Zum einen haben sie es sicherlich nicht aus böser Absicht oder zum Spaß gemacht, zum anderen willst Du vor allem herausfinden, ob hier ein Problem im Arbeitsablauf vorliegt. Besser wäre also zu fragen, ob es ein einmaliger Vorfall war, weil man noch etwas fertig machen wollte, oder ob es ein systemisches Problem ist und des Öfteren vorkommen kann (zum Beispiel, weil erst mit der Fertigstellung nachfolgende Prozesse in Gang gesetzt werden, was nicht passieren würde, wenn eine Arbeit erst wieder zurück ins Product Backlog geht). Fragen, die Du mit "Wie kann man" oder "Was kann man machen, dass..." formulieren kann, geben dem Team hingegen die Möglichkeit, selbst über eine Lösung nachzudenken oder das Problem zu analysieren.

Eine andere Aufgabe kommt Dir bei Zusammenkünften zu, wenn es darum geht Diskussionen zu führen. Selbst wenn man die beste Tagesordnung hat und ein Meeting zeitbezogen (Time boxed) ist, kann es immer wieder passieren, dass eine Diskussion aus dem Ruder läuft.

Am häufigsten sind dabei zwei Verhaltensweisen: Jemand redet zu lange und jemand greift eine andere Person persönlich an.

Es gilt eigentlich als unhöflich, jemanden zu unterbrechen, aber manchmal bleibt Dir nichts anderes übrig. Statt aber den anderen einfach zu überfahren, kannst Du versuchen, die Unterbrechung mit einer kurzen Zusammenfassung dessen, was die Person bisher gesagt hat, einzuleiten. Das nimmt oft schon den Wind aus den Segeln. Eine andere Methode ist, dass man von vornherein Zeitlimits festlegt und das auch durch ein akustisches Signal untermauert.
Sollte es in einer Diskussion einmal heiß hergehen und Mitarbeiter beginnen damit, sich gegenseitig zu be-

schuldigen und zu beleidigen, dann musst Du unbedingt sofort eingreifen und die Session beenden. Hier geht es erst einmal nicht darum, andere zurechtzuweisen, sondern den Dampf rauszunehmen und Ruhe einkehren zu lassen. Du kannst das Meeting eine Stunde später erneut aufnehmen oder auch erst zu einem späteren Zeitpunkt. Es liegt an Dir und dem Team, ob das Geschehene angesprochen wird, auch dann sollte es aber gemeinsam besprochen werden: "Wie können wir vermeiden, dass wir andere persönlich angreifen". Manchmal kannst Du Spannungen auch schon wie ein Gewitter heraufziehen sehen.

Was in einem solchen Fall helfen kann, ist Bewegung. Nimm das Team und macht einen gemeinsamen Spaziergang, bei dem ihr alles besprecht. Die Bewegung hilft, Energie abzubauen und kann aufkommende Konflikte oftmals bereits im Keim ersticken.

Eine andere Methode ist die **Gewaltfreie Kommunikation.** Sie ist von Marshall Rosenberg entwickelt worden und beruht auf vier Elementen, die oft in einer konfliktreichen Diskussion vorhanden sind und denen man sich bewusst sein soll. **Beobachtung, Gefühl, Bedürfnis, Wunsch.**

Ein Beispiel ist: "Bei den Morgenmeetings kommst Du immer zu spät (Beobachtung). Irgendwie scheinen wir Dir nicht wichtig zu sein (Gefühl), aber wir haben ja nur 15 Minuten Zeit (Bedürfnis). Kannst Du es nicht wenigstens einmal pünktlich schaffen (Wunsch)?"

Damit konfrontiert man die andere Person und bringt sie in eine Verteidigungsposition, was die Konfliktspirale zum Drehen bringt. Wenn man diese vier Punkte nun von sich wegnimmt und stattdessen auf den anderen überträgt, indem man versucht, den Grund für sein Verhalten zu verstehen, dann sieht das ganz anders aus.

"Ich habe gesehen, dass Du oft spät kommst, und habe das Gefühl, dass Du ganz abgehetzt bist. Sollen wir das Meeting verschieben oder wie können wir Dir helfen?"

Indem wir die Fragen empathisch anreichern, nehmen wir den Konflikt heraus. Diese Technik kannst Du bei vielen anderen Konflikten im Team anwenden. Sie eignet sich nicht nur in der Kommunikation zwischen zwei Personen, sondern auch optimal in Gruppen. "Ich habe gesehen, dass unser Burndown Chart nach oben geht.

Wenn euch etwas belastet, was ist es? Wir können das bestimmt zusammen lösen. Wollt ihr das versuchen?"

7.5 Systems Thinking

Eine Methode, die nicht über Nacht gelernt werden kann, die Du aber in Grundsätzen recht schnell verstehen kannst, ist das Systems Thinking. Zusammengefasst kann man es als Verständnis darüber bezeichnen, dass Dinge und Prozesse auf vielen verschiedenen Ebenen miteinander vernetzt sind und als System agieren. Sie in einzelne Bestandteile zu zerlegen hilft nicht dabei, das System zu verstehen. Vielmehr muss man versuchen, die Beziehungen der Prozesse zu verstehen und auch zu akzeptieren, dass Systeme zusammenwachsen und dadurch neue Systeme hervorbringen können.

Für Dich als Coach bedeutet das, dass ein Projekt mehr ist als die Summe der Teammitglieder und die angewandte Methode.

Es ist ein System, in das Du ebenso eingebettet bist wie jeder andere, wenn auch mit anderen Verknüpfungen. Um das System zu testen, wird es also nicht auseinandergenommen, sondern der Agilen Philosophie folgend ausprobiert, welche Veränderungen von Parametern, welche Veränderungen im System hervorrufen. Konkreter formuliert heißt das: Die Feedbackschleifen, die Du bereits aus Scrum und aus dem Testing kennst, kannst Du auch im Coaching anwenden. Begreife das Team als System, und versuche Veränderungen immer im Team vorzunehmen, und beobachtet dabei gemeinsam, welche Folgen das hat. System Thinking ist vor allem eine Einstellungssache, bei der Du akzeptierst, dass die Welt nicht linear ist, sondern komplex und vernetzt.

7.6 Coaching als Facilitator

In seinem Blog bei Scrum.org beschreibt Punit Doshi[7] die Aufgaben des Coaches in einem Team folgendermaßen:

"Stelle sicher, dass jeder im Team verstanden hat, worum es geht. Du wirst gleich am Anfang erklären müssen, in welchem Kontext das Projekt steht und warum man jetzt Agile einsetzen will. Es kann gut sein, dass Du das im Laufe des Projekts immer wieder einmal in Erinnerung rufen musst."

Du wirst ein paar Regeln aufstellen müssen, die aber alle Beteiligten auch akzeptieren müssen. Diese beziehen sich vor allem darauf, wann man morgens mit der Arbeit beginnt und wann man aufhört, ob es erlaubt ist, sein Telefon zu benutzen, dass Meetings verpflichtend sind und was die wesentlichen Werte sind, für die Scrum steht. Du solltest auch darlegen,

---

[7] Doshi, P. (2018): Agile Coach Toolkit #4: Effective Facilitation. URL: https://www.scrum.org/resources/blog/agile-coach-toolkit-4-effective-facilitation [Stand: 24-07-2018]

wie Konflikte gelöst werden können und welches Verfahren es dafür gibt.

Achte darauf, ob nur Du sprichst. Was Du möchtest ist, dass die Teilnehmer der Meetings und das Team untereinander kommunizieren. Wenn alle schweigen, dann solltest Du Dir überlegen, woran das vielleicht liegen könnte.

Schaffe eine Atmosphäre, in der jeder ein Problem vorbringen kann und auf einen Fehler aufmerksam machen kann, ohne dass mit dem Finger auf Schuldige gezeigt wird. Versuche jeden persönlichen Angriff sofort zu unterbinden.

Zeitvorgaben für Besprechungen bewirken oft Wunder. Versuche alle Besprechungen mit einem durchaus knappen Zeitlimit zu versehen.

Versuche in Diskussionen auch jene mit einzubeziehen, die etwas ruhiger sind. Du willst nicht nur die Champions reden lassen, jeder soll sich einbringen können.

Eine wichtige Aufgabe wird es sein, die **Stimmung im Team zu spüren** und schnell einzugreifen, wenn Du merkst, dass sich die Energie ins Negative verändert.

Bleibe immer neutral. Du bist dem Projekt verpflichtet und nicht den Personen. Es geht Dir nicht darum, wer Recht hat, sondern darum, wie man ein Problem am besten so löst, dass alle so schnell wie möglich problemlos weiterarbeiten können.

Die oben genannten Punkte treffen auch auf die Arbeit des Scrum Masters zu. In der Tat verschwimmen die Grenzen zwischen einem Coach und einem Scrum Master, wenn es um ein einzelnes Team geht, und manchmal ist es tatsächlich ein und dieselbe Person. Der Scrum Master hat eine etwas enger gefasste Beschreibung, die im Wesentlichen besagt, dass er für die Überwachung der Scrum Regeln zuständig ist. Bei Teams ohne Coach wird er aber auch die Führung des Teams übernehmen, wenn es darum geht allgemeine Problem zu lösen.

Als Coach wirst Du aber auch eingestellt, um mehrere Teams zu trainieren. Hierbei wirst Du es vor allem mit Scrum Mastern und Product-Owners zu tun haben, die

Hilfestellungen brauchen, um Scrum oder andere agile Techniken einzuführen oder zu verbessern. Die oben genannten Tipps gelten ebenso, nur werden die eben von den Teamleitern umgesetzt werden müssen.

Gerade dann, wenn ein agiles Projekt für mehrere Teams ausgerollt werden soll, wird es an Dir liegen, diese zu koordinieren. Die oben angesprochenen Regeln zum Beispiel sollten für alle Teams gelten. Jeder sollte die gleichen Arbeitszeiten haben. Da heutzutage manche Teams über den ganzen Erdball verstreut sind, wirst Du aber auch zusammen mit den Teamleitern überlegen müssen, wie man die Arbeit in den verschiedenen Zeitzonen koordiniert.

7.7 Coaching über Zeitzonen hinweg

Etwas, das auch die beste Technik nicht lösen kann, sind Zeitzonen. Gerade in der Softwareentwicklung ist es heute üblich, dass Teams über viele Länder und Kontinente verteilt arbeiten. Wenn man in Europa gerade wach wird, geht man den in den USA schlafen und die Asiaten haben gerade ihre Mittagspause. Wenn Dein Unternehmen nicht das Geld hat, Dich zu den jeweiligen Teams zu fliegen, wird Dir nichts anderes übrigbleiben, als Videokonferenzen abzuhalten. Dabei ist es immer besser, den kleinsten gemeinsamen Nenner zu finden, was die Zeit angeht.

Versuche so viele Zeitzonen wie möglich unterzubringen, ohne dass jemand um 4 Uhr morgens aufstehen muss oder noch um 23 Uhr im Büro sitzen muss.

Das Wochenende, vor allem der Sonntag, sollten tabu sein. Bei globalen Teams solltest Du auch an religiöse und kulturelle Unterschiede denken. Viele Moslems gehen zum Freitagsgebet, während Juden am Sabbat nicht arbeiten. Deshalb ist es wichtig, auch die Termine für Konferenzen zuerst mit dem Team zu besprechen und nicht nur zu schauen, ob es in Deinen Kalender passt.

Es wird immer wieder vorkommen, dass nicht alle an Bord sein können. In diesem Fall solltest Du versuchen, die **Videokonferenz aufzuzeichnen** und jenen als Video zur Verfügung zu stellen, die nicht teilnehmen konnten. Idealerweise wird das Video auch mit einer Kommentarfunktion veröffentlicht, sodass jene, die nicht dabei waren, auch noch hinterher Fragen stellen können. Diese Videos solltest Du aber nur bei globalen Teams anwenden. In einem lokalen Team ist die Teilnahme verpflichtend. Wer krank ist oder einen Kundentermin hat, wird sich den Inhalt der Besprechung von den anderen Teilnehmern erklären lassen müssen.

7.8 Konflikte lösen und mit Stress umgehen

In einem Team, das Software entwickelt, aber auch in gesamten Organisationen selbst kommt es unweigerlich zu Konflikten, vor allem wenn unter Druck gearbeitet wird.

Eine Studie von Gallup hat herausgefunden, dass 80 Prozent der Angestellten bei der Arbeit Stress empfinden. Fast die Hälfte der Arbeiter sagte, sie bräuchten irgendeine Form von Stressmanagement. Eine Folgestudie zeigte, dass 35 Prozent der Mitarbeiter das Gefühl hatten, dass ihre Arbeit ihre Gesundheit beeinträchtigt, und 42 Prozent sagten, dass der Arbeitsdruck ihre privaten Beziehungen negativ beeinflussen würde. Nach Angaben der American Psychological Association leiden ein Drittel aller amerikanischen Angestellten unter einer chronischen Form von Stress. Ähnliche Beobachtungen hat auch das Bundesamt für Arbeitsschutz in einer groß angelegten Studie machen können. "Bei der Mehrzahl traten konsistente Zusammenhänge zwischen den Arbeitsbedingungsfaktoren und der psychischen Gesundheit auf, die eine Einteilung der Arbeitsanforderungen in Stressoren und Ressourcen erlauben."[8]

Die Tatsache, dass man im agilen Projekt viel Selbstverantwortung hat, heißt ja nicht, dass es keinen Druck und keinen Stress gibt. Er hat nur andere Ursachen. Immer häufiger wird von einem Agile Coach gefordert, Konflikte lösen zu können. Man kann es mittlerweile auch schon in Stellenausschreibungen lesen. Das bedeutet aber nicht, dass ein Agile Projekt automatisch Probleme bereitet. Vielmehr zeigt es, dass man sich der Probleme bewusst ist und sie lösen will. Es ist ein Bug, den man gefunden hat, und der muss behoben werden. Hier kommst Du als Coach ins Spiel.

Druck im Team kann durch folgende Faktoren entstehen:

- Wenn Sprints zu Ende gehen, die Arbeit aber nicht gemacht ist

---

[8] Bundesanstalt für Arbeitsschutz und Arbeitsmedizin: Psychische Gesundheit in der Arbeitswelt – Wissenschaftliche Standortbestimmung. URL: https://www.baua.de/DE/Angebote/Publikationen/Berichte/Psychische-Gesundheit.html [Stand: 12-08-2018]

- Zu viele Tests fehlschlagen
- Die Arbeit in einem Kanban-Projekt nicht ordentlich fließt
- Der Burndown nachlässt
- Das Projektende naht
- Es zu viele Change Requests gibt

Darüber hinaus gibt es natürlich auch viele zwischenmenschliche Probleme, die innerhalb eines Teams auftreten können. Da gibt es Besserwisser, die alles selbst machen wollen. Es gibt einen Superexperten, der seine Expertise mehr als deutlich zur Schau stellt. Ein Product Owner führt sich wie ein Chef auf. Ein Scrum Master ist überfordert und will sich das nicht eingestehen. Stakeholder funken ständig dazwischen.

Als Agile Coach wirst Du Dich manchmal wie in einem Kindergarten fühlen und die Gemüter beruhigen müssen, und manchmal musst Du auch ein Machtwort sprechen. Meistens aber ist es Dein Job, dem Team dabei zu helfen, seine Konflikte selbst zu lösen.

Es gibt Hunderte von Konfliktlösungsmethoden, und wahrscheinlich hast Du auch schon den einen oder anderen Workshop zu diesem Thema absolviert. Weil es aber einen wichtigen Teil der Arbeit eines Agile Coaches ausmacht, an dieser Stelle nochmals eine kleine Auswahl von verschiedenen Ansätzen.

Konflikt-Karten

Gerade wenn es immer wieder zu kleineren Konflikten in einem Team kommt, die sich mit der Zeit aber aufsummieren, kann ein kurzer Workshop mit einer Konfliktkarte helfen. Diese ist im Prinzip eine Mindmap, die am besten auf ein großes Papier aufgetragen wird. Am Anfang können die Mitglieder **Konflikte auf Klebezettel schreiben** und anheften. Dann wird gemeinsam geschaut, welche Konflikte vielleicht zusammengehören, oder gleiche oder ähnliche Ursachen haben.

Man kann aber auch ein bestimmtes Problem damit lösen. Es wird in der Mindmap in die Mitte geschrieben, anschließend versucht das Team aufzuschreiben, was man will und was man nicht will. In einem nächsten Schritt können dann **verschiedene Lösungsansätze** erarbeitet werden. Du wirst dabei die Rolle des Moderators übernehmen und darauf achten, dass die Diskussion fokussiert ist und nicht aus dem Ruder läuft.

Naikan

Unter Naikan versteht man ein japanisches Konzept der Selbsterkenntnis. Es bezieht sich eigentlich auf die eigene Lebensgeschichte und das Verhältnis zu anderen Menschen, kann aber in einem Gruppenkonflikt ebenfalls sehr hilfreich sein, indem es die Sicht verändert. Dieter Rösner[9] ist ein Experte auf diesem Gebiet und hat sich dazu auch in einem Beitrag geäußert. Statt zu formulieren, was man will, wird die Sichtweise umgedreht und man stellt sich selbst folgende Fragen:

- Was hat mir das Team gegeben?
- Was habe ich dem Team gegeben?
- Wie habe ich das Team gestört?

Der Agile Coach kann daraus eine Session machen, die nicht einmal lange dauern muss. Alle anwesenden Teammitglieder werden zunächst gebeten, diese drei Fragen schriftlich zu beantworten. Hierbei ist es wichtig, dass Ruhe herrscht. Du solltest diese Übung nicht

---

[9] Rösner, D. (2018): Konfliktmanagement – für Scrum-Teams ein Muss! (3). URL: https://www.gudrun-kreisl.de/blog/eintrag/konfliktmanagement-fuer-scrum-teams-ein-muss-3/ [Stand: 10-08-2018]

in der Kantine abhalten. Gut ist es beispielsweise, wenn es einen Park gibt, in dem man sitzen kann, gerne auch direkt auf dem Rasen.

Wenn alle ihre Antworten aufgeschrieben haben, werden Zweiergruppen gebildet und die Antworten werden in jeder Gruppe ausgetauscht. Wenn das Team aus weniger als sechs Personen besteht, können die Antworten auch gleich im großen Kreis kommuniziert werden. So eine Runde kann 10 bis 15 Minuten dauern. Im nächsten Schritt können dann die Beobachtungen der Zweiergruppen auch im großen Kreis ausgetauscht werden. Das sollte eher kurz und knapp ausfallen. Es geht weniger darum, dass sich jeder merken soll, was der andere gesagt hat, sondern darum, dass man erfährt, wie es den anderen geht.

7.9 Stress im Projekt: Was tun?

Immer wieder wird es zu Stresssituationen kommen, die leicht auch eskalieren können. Hier sind Deine Fähigkeiten als Mediator besonders gefragt. Wie bei Konfliktlösungen gibt es für Agile Trainer auch bei Stress verschiedene Werkzeuge, mit denen sie dem Team helfen können. Meistens entsteht der Stress dadurch, dass einige ihre Arbeit schneller erledigen und andere wiederum länger brauchen. Das bedeutet, dass ein Teil des Teams warten muss, während ein anderer Teil großen Druck verspürt.

Versuche dem Team aufzuzeigen, dass es nun einmal Unterschiede zwischen den Mitgliedern hinsichtlich der Erfahrung und der Fähigkeiten gibt. Manche machen eine bestimmte Tätigkeit schon länger, für andere ist es eben Neuland. Wer mehr Erfahrung hat, wird in der Regel auch immer schneller sein.

Versuche Dich dabei immer auf die Teammitglieder zu beziehen und nicht auf Dich selbst.

Vermeide Sätze wie "Ich brauche für so einen Job einen Tag, aber ihr werdet wohl zwei Tage brauchen." Das demotiviert nur. Gleiches gilt auch innerhalb des Teams: Erkläre den Teammitgliedern, dass sie sich nicht mit anderen vergleichen sollen und müssen. Das Team steht im Mittelpunkt, nicht die einzelnen Mitglieder. Arbeit kann recht einfach anders verteilt werden.

Von jedem wird erwartet, sein Bestes zu geben, aber nicht besser als andere zu sein. Eine Ursache für Stress und Druck kann auch das agile System selbst sein. Denn ein Team muss jeden Tag Versprechungen eingehen, die es auch halten muss. Das fängt beim Daily Stand Up an und hört in dem Moment auf, wenn man eine Arbeit als Done abgelegt hat. Wenn ein Team einen Sprint nicht fertigstellen konnte, dann kann das Schuldgefühle auslösen. Man fühlt sich verantwortlich und fürchtet, Fehler gemacht zu haben. Das ist so bei uns Menschen und hat nichts mit Agile zu tun.
Wir fühlen uns nicht gut, wenn wir ein Versprechen nicht einhalten können. Oftmals ist es eine Frage der Wortwahl, die bereits helfen kann. Teammitglieder

müssen nicht versprechen, etwas zu erledigen, sondern lediglich sagen, dass sie sich der Arbeit annehmen. Das bedeutet nicht, dass sie nicht alles geben werden, um den Job fertigzustellen. In einem Agile-Team sollte so viel Ehrlichkeit herrschen, dass niemand absichtlich versucht, das Team in Gefahr zu bringen.

Wenn einzelne Teammitglieder Stress verspüren, kannst Du mit ihnen genau über diese Wortwahlen reden. Frage sie:

- Wie beschreibst Du Deine Arbeit?
- Welchen Druck verspürst Du?
- Welche Erwartungen, glaubst Du, werden an Dich gestellt?
- Verspürst Du Zeitdruck?

Letzteres ist vor allem ein Problem bei Teams, die vorher mit einem klassischen Projektmanagementsystem gearbeitet haben. Hier werden die Mitglieder von Meilenstein zu Meilenstein getrieben, und Due-Dates schweben über allen wie ein Damokles-Schwert. Bei Agile wirst Du dem Team vermitteln müssen, dass Zeit nicht der wichtigste Faktor ist. Wenn jemand die Arbeit heute nicht fertigstellen kann, dann hat er oder sie auch morgen noch Zeit dafür. Wichtiger ist, dass die Arbeit gut gemacht wird.

Frage auch im Team nach, ob sie für **bestimmte Aufgaben eine bestimmte Zahl von Stunden festgelegt** haben. Eigentlich sollte das nicht der Fall sein, aber manche Firmen lassen die Mitarbeiter die Stunden aufschreiben, um nachher besser oder einfacher abrechnen zu können. Das widerspricht jedoch dem Agile-Gedanken. Deshalb solltest Du immer darüber sprechen, dass Stundenvorgaben den Druck und Stress erhöhen, aber das Produkt nicht verbessern. Die einzige Zeiteinheit bei Scrum beispielsweise ist der Sprint.

Natürlich wirst Du veranschlagen müssen, wieviel Zeit und Ressourcen ein Projekt benötigt, auch um festzulegen, was in den Sprints erledigt wird. Aber hier kannst Du dem Team einen Trick vorschlagen: Statt in Stunden zu denken oder in Mannstunden, sollten sie die Aufgaben in drei oder vier Kategorien einteilen: Sehr schwer, schwer, mittel, leicht. Das macht es den Mitarbeitern einfacher, den Aufwand einzuschätzen und gleichzeitig fühlt man sich besser: Ist eine Aufgabe nicht beendet, ist das okay, weil sie ja schwer ist.

Gleichzeitig motiviert es, wenn schwere Aufgaben letztlich schneller als erwartet gelöst werden.

Mark Balbes hat in einem Blogbeitrag für Admag[10] beschrieben, wie innerer Stress aussehen kann, der irgendwann akkumuliert und ein Team dadurch wirklich verlangsamen kann.

Versetze Dich in die Lage eines Programmierers.

In einer agilen Umgebung haben die Programmierer viel Eigenverantwortung, dürfen sich große Teile der Arbeit selbst einteilen. Balbes beschreibt, wie ein Programmierer sich bereits Gedanken darüber gemacht hat, was er heute alles erledigen will und am liebsten loslegen möchte. Dann aber muss er aufs Morgenmeeting warten, und weil heute zudem neue Paare zum Programmieren gebildet werden, bekommt er eine neue Aufgabe zugewiesen, in der er nicht wirklich ein Fachmann ist. Aber Pair Programming dient ja auch dazu, dass Wissen verteilt wird und Teams nicht nur

---

[10] Balbes, M.: The Stress of Agile (2017). URL: https://adtmag.com/articles/2017/01/24/stress-of-agile.aspx [Stand: 14-08-2018]

aus reinen Experten bestehen. Schließlich hat der Agile-Coach auch noch die Aufgabe gegeben aufzuschreiben, wie oft im Paar diskutiert wird und wieviel davon Task-bezogen ist. Dein Paar-Partner ist Fachmann in dem was gemacht werden muss und fürchtet, dass eine Deadline eingehalten werden muss. Er lässt Dich daher kaum ans Keyboard. Dann werden die Paare erneut getauscht, aber Du bist derjenige, der die Story behält und musst nun einer anderen Person etwas erklären, was Dir zuvor nicht erklärt wurde.

Oftmals sehen Agile Coaches nicht, was im Inneren eines Programmierers und Entwicklers passiert und wie die gutgemeinten Methoden auch tatsächlich aufgenommen werden. Die Offenheit und das gemeinsame Lernen kann oftmals auch Stress auslösen, wenn die Teammitglieder dadurch andere Dinge nicht fertigstellen können. Deswegen solltest Du immer wieder Feedback verlangen, ob zum Beispiel das Pair Programming wirklich das Team weiterbringt oder ob die Unterschiede, hinsichtlich des Wissens und der Fähigkeiten, zu groß sind.

Die Feedbacks der einzelnen Teammitglieder sind enorm wichtig für den Agile Coach. Allerdings wirst Du auch hier wieder achtgeben müssen, dass aus diesen Feedbacks keine neuen Aufgaben entstehen, die Stress auslösen könnten. Am besten ist es schlichtweg das Team zu beobachten und wenn Du das Gefühl hast, jemand ist gerade weniger beschäftigt, die Chance zu nutzen und nachzufragen, wie es der Person geht und wie sie sich fühlt.

Yoga

Manchmal muss ein Coach auch außerhalb seiner normalen Arbeitsweise denken. Nicht immer kann Stress nur mit Gesprächen oder einem veränderten Arbeitsablauf gelöst werden. Wer unter Druck steht und angespannt ist, muss lernen sich zu entspannen, und ein möglicher Weg kann beispielsweise Yoga sein. Du musst jetzt nicht wirklich zum Yoga-Lehrer umschulen. Es reicht, wenn Du einige grundlegende Übungen kennst, die man auch am Arbeitsplatz und ohne Yogamatte machen kann.

Dafür, Yoga auch am Arbeitsplatz zu praktizieren, gibt es viele gute Gründe:

- Angestellte, die glücklich und voller Energie sind, sind produktiver

- Es gibt weniger Krankmeldungen, die durch Stress ausgelöst wurden
- Angestellte können sich besser konzentrieren
- Angestellte können in Stresssituationen ruhiger und ausgeglichener reagieren
- Spannungen im Bereich Kopf, Nacken und Schultern werden verringert, gleiches gilt für Schmerzen im Unterarm, Schlaflosigkeit, hoher Blutdruck und Probleme, die durch die Arbeit am Keyboard entstehen

Gesunde und ausgeglichene Mitarbeiter sind außerdem freundlicher und besser im Kundendienst, haben ein besseres Verhalten im Team und kündigen in der Regel seltener einen Job.
Die Angestellten leiden weniger unter einem Burnout, was sich wiederum positiv im Burndown-Chart ausdrückt. Studien zeigen auch, dass Yoga und andere Entspannungstechniken Aggression am Arbeitsplatz verringern können. Und letztlich haben Mitarbeiter weniger physischen Druck durch Verspannungen, was sich ebenfalls positiv auf das allgemeine Wohlbefinden niederschlägt. Sie kommen sprichwörtlich weniger angespannt zur Arbeit.

Welche Übungen kommen in Frage? Wenn Du Yoga wirklich langfristig im Team einführen willst (und das sollte auch präventiv verstanden werden, also bevor es zum Stress kommt), dann solltest Du einen Yoga-Lehrer zu Rate ziehen, der zumindest die ersten Stunden als Coach beratend zur Seite steht und bei der Ausführung der Übungen hilft. Willst Du hingegen erst einmal ausprobieren, wie das Thema bei den Mitarbeitern ankommt, hier ein paar sehr einfache Yoga-Stellungen von Karriere Bibel.[11]

Kopf drehen: Den Kopf langsam nach vorne neigen bis das Kinn fast die Brust berührt. Dann den Kopf ebenfalls langsam nach links drehen. Diese Übung mehrfach wiederholen, und ebenso den Kopf nach rechts drehen.

Rücken strecken: Mit beiden Füssen auf dem Boden stehen, leicht nach vorne beugen und die Handflächen auf die Knie legen. Dann den Rücken durchstrecken und mit dem Kopf nach oben schauen - einatmen. Jetzt

[11] Warkentin, N.: Yoga-Übungen: Tipps für Anfänger (und fürs Büro). URL: https://karrierebibel.de/yoga-uebungen/ [Stand: 28-08-2018]

den Rücken etwas einrollen, auf den Boden blicken und ausatmen. Die Übung fünfmal wiederholen.

Arme strecken: Gerade auf einem Stuhl sitzen, die Hände hinter dem Rücken verschränken und nach oben ausstrecken. Diese Position einige Sekunden lang halten. Dann die Arme sinken lassen (immer noch verschränkt) und den Oberkörper leicht hin zu den Oberschenkeln senken, dabei den Hals leicht strecken.

8. Das Projekt laufen lassen

Die dritte Phase des Agile Coachings ist für viele Trainer die schwierigste. Sie müssen jetzt lernen, sich zurückzuziehen. Oftmals wird es auch als passives Coaching bezeichnet, auch wenn das etwas irreführend ist, denn Du wirst nicht wirklich nur dem Team bei der Arbeit zuschauen. Aber Deine Aufgabe wird sich vom aktiven Trainer zum Manager wandeln. So wie beim Fußball der Manager nicht mehr selbst die Trainingseinheiten leitet, wirst Du Dich auch mehr um die Strategie und das Fortschreiten des Projekts kümmern, und nur dann einschreiten, wenn Hilfe benötigt wird.

8.1 Das Team verbessern

Du kannst jederzeit das Team verbessern, indem Du – wenn Du es darfst – personelle und auch räumliche Veränderungen vornimmst. Ein Coach soll und darf auch ganzheitlich denken und handeln.

Versuche einen sicheren Raum zu schaffen

Google hat einmal seine Mitarbeiter befragt[12], was für sie die wichtigste Ursache für ein erfolgreiches Team ist. Die Antworten waren überraschend: erfolgreiche Teams waren für die Mitarbeiter nicht solche, die mit den Besten der Besten besetzt waren. Es waren jene, die einen psychologisch sicheren Raum geboten haben. Denn dann konnten die Mitglieder am besten arbeiten.

---

[12] Sheffield, H. (2016): Google spends years figuring out that the to a good working environment is just to be nice – Successful teams have a high "average social sensitivity". URL: https://www.independent.co.uk/news/business/news/google-workplace-wellbeing-perks-benefits-human-behavioural-psychology-safety-a6917296.html [Stand: 01-08-2018]

Wir arbeiten schneller, konzentrierter und effektiver, wenn wir keine Angst haben müssen. Wenn wir in der Lage sind, Vorschläge machen zu dürfen, wenn wir auch einmal die Arbeit der anderen kritisieren dürfen. Gerade in einem agilen Umfeld sind der Austausch und die konstruktive Kritik wichtig. So eine Unternehmenskultur und sichere Räume baut man nicht über Nacht auf, aber sie zahlen sich aus.

Stelle Mitarbeiter ein, die fähig sind und ins Unternehmen passen

Wenn es auch Deine Aufgabe als Coach ist, das Team zusammenzustellen, dann wirst Du darauf achten müssen, dass die Mitglieder auch in eine agile Umgebung passen. Dazu brauchst Du nicht nur Spezialisten, die allein vor dem Computer sitzen. Du brauchst Mitarbeiter, die mit anderen eng zusammenarbeiten können und auch in der Lage sind, Kritik einzustecken. Dennoch solltest Du aber auch auf die Befähigungen achten. Es geht dabei weniger darum, ob jemand in einer bestimmten Computersprache fit ist, sondern was eine Person darüber hinaus mitbringen kann, um das Team weiterzuentwickeln.

Entwicklung steht an erster Stelle

Verplane Dich nicht. Auch wenn Du erst einmal lernen musst, wer in Deinem Team ist und wie ein Unternehmen aufgebaut ist, solltest Du Dich so schnell wie möglich an die Arbeit machen und das Team in die Produktion bringen. Jedes Team ist anders, und Du wirst am ehesten lernen, was anders ist, wenn Du siehst, wie gearbeitet wird. Entwickler sollten so früh wie möglich befragt werden, auch schon in der Planungsphase des Projekts.

Als Coach solltest Du also nicht nur an die eigentliche Ausführung denken, sondern auch was vorher passiert.

Lasse also Deine Entwickler so früh wie möglich herumspielen und Ideen entwickeln. Später zahlt sich das auch durch eine höhere Motivation aus, weil sie sich ernst genommen fühlen.

Bringe Dein Team zusammen

Auch wenn es heute schick ist, seine Entwickler über die ganze Welt verstreut zu haben, und es für einen Programmierer auch durchaus angenehm sein kann, vom Strand in Asien aus zu arbeiten: Es ist immer besser, das Team auch physisch zusammen zu haben. Das löst zum einen Zeitzonenprobleme, zum anderen aber auch Probleme in der Zusammenarbeit. Gerade in einer Firma, die Xtreme Programming einsetzt ist es unabdingbar, dass man buchstäblich zusammensitzt. Virtuelle Zusammenarbeit kann funktionieren, kommt aber immer mit großen Herausforderungen einher. Solltest Du die Mittel haben, dann bring Dein Team auch physisch zusammen. Wer nur über Slack mit anderen kommuniziert, kennt den Menschen nicht wirklich. Wichtige Elemente der Kommunikation wie Tonfall oder Gestik und Mimik, äußeres Erscheinungsbild und sogar Gerüche gehen dabei völlig verloren.

Bring alle zusammen

Ein Team wird besser arbeiten können, wenn es nicht isoliert ist. Du solltest versuchen, immer wieder die anderen Stakeholder zu Meetings hinzuzuziehen. Arbeitest Du als Coach mit mehreren Teams zusammen, dann versuche Anlässe zu schaffen, an denen diese sich austauschen und auch kennenlernen können. Bei agilen Projekten ist es immer besser zu wissen, wie das große Ganze aussieht. Gerade in einem deutschen Team trifft zu, was man über die Deutschen gerne sagt: “Germans always want to have a Gesamtkonzept"[13]. Je mehr man die Zusammenhänge versteht, umso besser kann man das Produkt machen.

8.2 Wie und wann man sich als Coach zurückzieht

Der Prozess des Zurückziehens kann mehrere Tage oder auch Wochen dauern. Es gibt selten einen Stichtag, an dem Du plötzlich nicht mehr ins Büro kommst, sondern Dich nur noch einmal pro Woche sehen lässt. Vielmehr wirst Du vor allem Deine Anwesenheit graduell zurückfahren. Wann aber ist der beste Zeitpunkt gekommen, um damit zu beginnen?

Letztlich wird das jeder Coach selbst entscheiden müssen, aber es gibt einige Hinweise darauf, dass man das Team langsam sich selbst überlassen kann. Einer ist, dass die Daily-Standups reibungslos und in der veranschlagten Zeit ablaufen. Ein anderer ist eine gute Entwicklung der Burndown Charts, was bedeutet, dass die Arbeit innerhalb der veranschlagten Zeit erledigt wird. Das Team hat gelernt, sich selbst zu organisieren und

---

[13] Ciprian, B. / Secara-Onita, A.: The peculiarities of German negotiation style. URL: http://steconomiceuoradea.ro/anale/volume/2013/n2/002.pdf [Stand: 04-08-2018]

bei Scrum hat der Scrum Master die Initiative ergriffen und weiß, wie er das Team unterstützen kann. Bei einem Kanban-System sind es gute Indikatoren, wenn die Arbeit gleichmäßig fließt und die Spalten immer gleichmäßig gefüllt sind, allerdings auch nicht zu viele Arbeiten geparkt werden.

Es hängt ein wenig vom Vertrag ab, in dem Dein Coaching geregelt wird, wie lange eine solche Übergangsphase dauert. Je nach Umfang des Projektes können das durchaus auch einige Monate sein.

8.3 Wann man eingreifen muss

Sabine Canditt und Dr. Peter Braun haben in einem Fachartikel über Scrum und die Agile Methode eine der Fallen beschrieben, in die so manch ein Trainer und Scrum Master tappen könnte:

"Nach ersten Anfangserfolgen mit Scrum kommt es oft zu einer Ernüchterung. Hindernisse werden deutlich sichtbar, die nicht von einzelnen Personen oder Teams mal schnell im Vorbeigehen gelöst werden können, z.B. das Fehlen von richtigen und wichtigen Informationen, unklare und langwierige Entscheidungswege oder, eine ineffiziente Werkzeugunterstützung. Es ist ein großer Vorteil von Scrum, dass diese Probleme deutlich werden – und doch ist die Organisation oft nicht darauf vorbereitet. Absurderweise wird dann nicht das Erkennen, sondern die Ursache der Probleme auf das Scrum-Konto verbucht. Der agile Coach beschränkt sich nicht darauf, vereinfachte Ad-hoc-Lösungen zu finden, die das Problem oft eher verschlimmern als verbessern. Stattdessen unterstützt er die Problemanalyse, indem er komplexe Wechselbeziehungen verdeutlicht, die oft erst mit einer gewissen Zeitverzögerung wirken[14]."

In der Übergangsphase ist Dein Eingreifen immer dann angebracht, wenn das Team das Problem nicht lösen kann, oder aber wenn es ein Problem noch nicht erkannt hat. Deine Aufgabe in dieser Zeit ist es, den Teamfortschritt zu überwachen. Die Burndown Charts sind eine Messgröße, aber auch eventuelle Fehlzeiten und Unzufriedenheiten. Wenn viele Mitglieder eines Teams einem anderen Team zugeordnet werden wollen, ist das zum Beispiel kein gutes Zeichen. Du wirst in dieser Phase auch mehr mit dem Scrum Master zu tun haben und ihm dabei helfen, seinen Job zu machen, und weniger mit dem Team selbst arbeiten.

---

[14] Canditt, S. / Dr. Braun, P.: Scrum-Coaching: Hilfe zur Selbsthilfe. URL: https://www.sigs-datacom.de/uploads/ tx_dmjournals/ canditt_braun_OS_03_09.pdf [Stand: 15-07-2018]

9. Sich als Coach selbst weiterentwickeln

Als Coach wirst Du sicherlich nicht nur Dein Team wieterentwickeln wollen, sondern auch Dich selbst. Schließlich ist das auch das Fundament der agilen Entwicklung: Permanentes Verbessern, auch der eigenen Fähigkeiten. In ihrem Buch schlagen Rachel Davies und Liz Sedley folgendes vor, damit Du auch weiterhin auf dem neuesten Stand bleibst:[15]

- Lese ein technisches Buch pro Monat
- Schreibe Deinen eigenen Blog
- Arbeite an einem Open Source Projekt mit
- Schreibe einen Beitrag pro Tag in einer Mailingliste, die sich mit Coaching beschäftigt
- Höre wöchentlich Podcasts zu technischen Themen und Agile
- Gehe einmal im Monat zu einem Treffen von Agile Anwendern

---

[15] Agile Coaching, Rachel Davies und Liz Sedley, S. 208

Du musst nicht alles machen, was in dieser Liste geschrieben steht, und wenn Du nicht gerade in einer Großstadt wohnst, wirst Du vermutlich auch Schwierigkeiten haben, wöchentliche Agile-Treffen zu finden. Es geht vor allem darum, dass Du geistig in Bewegung bleibst, dass Du weißt, was in der Szene passiert, welche neuen Methoden und Ansätze es gibt. Eine Gefahr beim Coaching ist nämlich, dass Du irgendwann ein Wissensplateau erreichst, weil Du zu beschäftigt mit dem Coachen bist. Softwareentwicklung ist aber ein sich rasant entwickelndes und veränderndes Feld. Es kann schnell passieren, dass Du den Anschluss verpasst und Dein neues Team Dich verdutzt anschaut, weil Du dessen Arbeitsweise nicht kennst.

9.1 Kapazitäten für eigene Coaches bilden

Wenn Du als Coach eingestellt wirst, steht in vielen Verträgen, dass Du auch versuchen sollst, die Kapazitäten dafür zu schaffen, dass die Organisation eigene Coaches produziert. Gerade wenn Du mehrere Teams trainierst oder gar auf Managementebene arbeitest, wirst Du vor die Aufgabe gestellt, Dein Wissen auch weiterzugeben. Das ist Teil des Lebens in einem agilen

Umfeld: Wissen wird geteilt, und andere werden befähigt, ihr Wissen zu erweitern und damit auch neue Fähigkeiten zu erwerben. Deswegen ist es auch so wichtig, dass ein Coach schon einmal mit Agile Projekten gearbeitet hat und vielleicht sogar Scrum Master war. Die klassische Karriere in Agile sieht wie folgt aus:

Programmierer/Entwickler -> Product Owner -> Scrum Master -> Agile Coach -> Coachtrainer

Das heißt nicht, dass jeder Entwickler auch zum Agile Coach werden muss. Es kann nicht jeder Häuptling sein, es braucht auch Indianer, sagt eine alte Weisheit. Viele Programmierer sind mehr als glücklich mit dem was sie tun und wollen sich eher in anderen Bereichen weiterbilden, zum Beispiel neue Programmiersprachen erlernen und sich einem anderen technischen Thema widmen. Andere wiederum wollen auf eine neue abstraktere Ebene, und die ist dann eben der Scrum Master und der Coach.

In Deinem Team sind es meistens die bereits angesprochenen Champions, die sich für den nächsten Schritt am besten eignen. Trotz bester Menschenkenntnis solltest Du aber besser nachfragen, ob sich jemand wirklich in diese Richtung entwickeln möchte.

Während Du ein Team trainierst, wirst Du nur wenig Zeit haben, einzelne Mitglieder weiterzubilden. Dein Augenmerk wird auf dem oder den Scrum-Mastern liegen, weil diese schon wegen ihrer Rolle gut geeignet sind, später andere Teams zu coachen. Auch hier funktioniert eine Fußballanalogie: Oft wird der Kapitän einer Mannschaft nach seiner aktiven Laufbahn auch Trainer. Andere wiederum bekommen eine Stelle an der Trainerakademie.

Neue Coaches kannst Du entweder über Workshops inhouse ausbilden, oder aber Du baust Dir eine eigene Art Akademie auf und bietest die Weiterbildung zum agilen Coach an.

9.2 Coaching auf ein neues Level heben

Als Coach, der gerade erst angefangen hat, wirst Du sicherlich zunächst Teams trainieren und den Scrum Master unterstützen. Auch deshalb haben wir so viele Beispiele für diese Art des Coachings untergebracht. Aber Du wirst Dich irgendwann auch verbessern wollen und nicht nur einem Team helfen, sondern in einem Unternehmen mehrere Teams und deren Scrum

Master coachen oder aber sogar das Unternehmen und seine Führungsetage selbst agiler machen. Hier wird es nicht mehr um technische Details wie Stand-Up und Sprints gehen, sondern um Methoden, wie man auch im Management weniger plant und sich mehr um eine ständige Verbesserung kümmert.

Bei IT-Agile wird erklärt, wie und warum man die sogenannte Agile Leadership anders trainieren muss als ein Team von Softwareentwicklern:

> „Für effektive agile Leadership müssen sowohl systemische Fragen (**System Cycle**) geklärt, wie auch die Beziehungen zwischen Individuen und Teams gestärkt werden (**Trust Cycle**).
>
> *Der **System Cycle** startet mit der Arbeit in agilen Teams (**Work in agile Teams**). Das agile Arbeiten wird Hindernisse aufdecken, die lokal in den Teams nicht gelöst werden können (**Identify Impediments**). In der Ausbildung lernen die Teilnehmer Techniken kennen, mit denen die Hindernisse analysiert und Lösungsansätze über Experimente definiert und getestet werden können. Diese Lösungen streben stets in Richtung einer vereinfachten Organisationsstruktur (**Reduce Org. Structure**).*

Dabei werden die Beziehungen zwischen den agilen Teams ebenfalls agil(er) gestaltet; agile Teams machen noch keine ***agile Organisation****. Die agilen Teams müssen* ***agile Beziehungen*** *zueinander haben. Je einfacher die Organisationsstruktur und desto agiler die Beziehungen zwischen den Teams, desto flexibler und effektiver können die agilen Teams arbeiten. Und so beginnt der System Cycle erneut.*

Eine reine strukturelle Perspektive läuft Gefahr, nur Strukturen und Prozess zu betrachten und die Beziehungsebene zwischen Menschen zu vernachlässigen. Der ***Trust Cycle*** *fokussiert daher die Beziehungen zwischen den Beteiligten. Essenziell ist dafür die Stärkung von Vertrauen (****Increase Trust****). In der Ausbildung lernen die Teilnehmer Techniken kennen, Vertrauen zu stärken. Auf dieser Basis kann Verantwortung wachsen (****Foster Responsibility****). Mehr Verantwortung erlaubt die Reduktion der Organisationsstruktur (****Reduce Org. Structure****). Eine reduzierte Organisationsstruktur erlaubt uns erfordert [...] ein größeres Maß von Vertrauen und der Trust Cycle geht in eine weitere Runde.*

*Der **Leadership Cycle** ist der Treiber des System- und des Trust-Cycle. Leadership wird desto effektiver je klarer der Zweck der Organisation (**Org. Purpose**) und der des/der Leader (Personal Purpose) ist. In der Ausbildung lernen die Teilnehmer **Leadership-Development-Modelle** kennen, mit denen der Organisations- wie auch der persönliche Zweck entwickelt werden kann. Agile Leadership entwickelt sich kontinuierlich weiter. Feedback ist die Basis, um das eigene Leadership-Verhalten zu überprüfen (**Get Feedback**) und weiter zu entwickeln (**Develop Yourself**)."*[16]

Gerade wenn Du Dich in Richtung Coach für Agile Leadership entwickeln willst, solltest Du zum einen erst Erfahrung in mehreren Projekten mit Teams gesammelt haben und Dich dann weiterbilden. Bei IT Agile gibt es zum Beispiel Weiterbildungskurse für Agile Coaches, die sich auf eine neue Ebene bringen wollen.

---

[16] IT-agile: Führungskräfte-Ausbildung (Agile Leadership) - Inhalte der Ausbildung. URL: https://www.it-agile.de/ausbildung/fuehrungskraefte/ [Stand: 18-07-2018]

Coaching von Teams braucht beides, gutes Wissen wie man trainiert und die notwendige Portion Erfahrung.

Du solltest nichts überstürzen und gleich nach Deinem ersten Job eine eigene Akademie gründen. Im Agile Umfeld ist es ohnehin üblich, dass Referenzen einbezogen werden. Je mehr Du vorweisen kannst, umso eher wird eine Firma Dich auch mit größeren Jobs beauftragen.

Wenn Du Dich selbst besser einschätzen willst, kann Dir eine kleine Tabelle helfen, die Karen Greaves für Agile Coaches zusammengestellt hat.[17] Diese Tabelle besteht aus horizontalen Spalten, die in Coaching, Facilitation, Knowledge, Self und Training eingeteilt sind. In der vertikalen Spalte stehen die Begriffe Shu Ha und Ri, die aus der japanischen Kunst des Lernens kommen. Sie bezeichnen die verschiedenen Ebenen Basiswissen, aktives Praktizieren und in der Lage sein, selbst Neues zu schaffen.

---

[17] Greaves, K.: Assessiong Your Agile Coaching Skills (2018): URL: http://www.scrumexpert.com/knowledge/assessing-your-agile-coaching-skills/ [Stand:26-07-2018]

10. Zusammenfassung

Dieses Buch hat nicht den Anspruch, Dich zu einem Agile Coach auszubilden. Es soll vielmehr Dein Interesse an der Tätigkeit wecken und Dir ein wenig Hintergrundwissen vermitteln. Selbst wenn Du kein Coach werden willst, wirst Du mit dem Buch gelernt haben, wie ein Coach denkt (oder denken sollte) und vielleicht auch etwas Verständnis für sein Handeln entwickeln.

Solltest Du aber tatsächlich in Betracht ziehen, selbst ein Agile Coach zu werden, dann hast Du jetzt hoffentlich mehr Wissen als zuvor. Coaching ist vor allem eine Tätigkeit, die viele Soft Skills benötigt: Je ruhiger und ausgeglichener Du bist, umso mehr wirst Du auch ein Team beruhigen können. Je mehr Empathie Du zeigst, umso eher öffnen sich die Mitarbeiter auch emotional. Je mehr Du in der Lage bist anderen zu vertrauen, umso einfacher wird es Dir fallen, das Team selbst Verantwortung tragen zu lassen. Rachel Davies und Liz Sedley haben in ihrem Buch Agile Coaching eine Checkliste für den Agile Coach erstellt, die Dir helfen kann, zu entscheiden, ob Du überhaupt ein Projekt übernehmen willst und kannst. Stelle Dir die folgenden Fragen und beantworte sie schriftlich. Dann trinke einen Kaffee, kehre nach einer Stunde zurück und lese die Antworten alle nochmals durch.

Motivation:

Warum coache ich dieses Team/Unternehmen?

Was will ich verändern?

Was will ich daraus lernen?

Eigene Fähigkeiten:

Was kann ich an Erfahrung und Wissen anbieten?

Was muss der Kunde über mich und meinen Lebenslauf wissen?

Was muss das Team über mich wissen?

Verantwortung

Wer sind die Stakeholder im Projekt?

Was ist meine offizielle Rolle und sind meine Aufgaben klar festgelegt?

Stehen diese Aufgaben im Widerspruch zu agilen Praktiken?

Welche Maßnahmen habe ich zur Verfügung, um meinen Fortschritt zu messen?

Woher weiß ich, dass meine Aufgabe erledigt ist?

Unterstützung:

Wer im Unternehmen kann mich unterstützen? Wer kann mein Mentor sein?

Wie werde ich dem Team präsentiert?

Werde ich mit anderen Coaches oder Scrum Mastern zusammenarbeiten?

In den meisten Fällen wirst Du als Coach eines Scrum-Teams anfangen. Das oben genannte Buch "Agile Coaching" sei Dir ans Herz gelegt, es ist ein Standard-Werk und geht etwas detaillierter auf die Aufgaben eines Scrum-Coaches ein. Wenn es um das Coaching von mehreren Teams geht, kannst Du das Buch "Coaching Agile Teams: A Companion for Scrum Masters, Agile Coaches" von Lyssa Adkins anschauen, welches ebenfalls eine sehr detaillierte Beschreibung der Arbeit mit mehreren Teams bietet.

Du wirst in diesem Buch viel darüber gelernt haben, wie man Teams motiviert, versteht und auch analysiert. Ein guter Coach zeichnet sich vor allem durch seine psychologischen Fähigkeiten aus. Welche Techniken angewandt werden, ob man gemeinsam Yoga macht, Naikan anwendet oder wie man ein Scrum-Meeting durchführt, hängt davon ab, ob ein Problem besteht, das gelöst werden muss. Deine Aufgabe ist es nicht, Scrum einzuführen, wenn man Dich nicht ausdrücklich auch als Scrum Master eingestellt hat (in diesem Fall solltest Du noch ein Buch über Scrum lesen). Vielmehr solltest Du anderen helfen, ihre Arbeit besser zu machen. Du erklärst, was Agile bedeutet und bist Fachmann in den Methoden, aber Dein Wissen wird nur dann abgerufen, wenn es vom Team auch wirklich benötigt wird. Und noch ein letzter Tipp:

Bei vielen Trainern, insbesondere wenn sie gut gebucht und erfolgreich sind, besteht die Gefahr, dass sie sich keine Zeit zum Reflektieren neh-men und wenig Fortbildung betreiben. Es sei Dir dringend angeraten, regelmäßig an Weiterbildungen teilzunehmen.

Viel Erfolg bei Deinem ersten Coaching-Job!
Markus Heimrath

Rechtliches und Impressum

Die Inhalte dieses Buches wurden anhand von anerkannten Quellen recherchiert und mit hoher Sorgfalt geprüft. Der Autor übernimmt dennoch keinerlei Gewähr für die Aktualität, Richtigkeit und Vollständigkeit der bereitgestellten Informationen.

Haftungsansprüche gegen den Autor, welche sich auf Schäden gesundheitlicher, materieller oder ideeler Art beziehen, die durch Nutzung oder Nichtnutzung der dargebotenen Informationen bzw. durch die Nutzung fehlerhafter und unvollständiger Informationen verursacht wurden, sind grundsätzlich ausgeschlossen, sofern seitens des Autors kein nachweislich vorsätzliches oder grob fahrlässiges Verschulden vorliegt. Dieses Buch ist kein Ersatz für medizinische oder professionelle Beratung und Betreuung.

Dieses Buch verweist auf Inhalte Dritter. Der Autor erklärt hiermit ausdrücklich, dass zum Zeitpunkt der

Linksetzung keine illegalen Inhalte auf den zu verlinkenden Seiten erkennbar waren. Auf die verlinkten Inhalte hat der Autor keinen Einfluss. Deshalb distanziert der Autor sich hiermit ausdrücklich von allen Inhalten aller verlinkten Seiten, die nach der Linksetzung verändert wurden. Für illegale, fehlerhafte oder unvollständige Inhalte und insbesondere für Schäden, die aus der Nutzung oder Nichtnutzung solcherart dargebotener Informationen entstehen, haftet allein der Anbieter der Seite, auf welche verwiesen wurde, nicht aber der Autor dieses Buches.

Auflage 09/2018

Kontakt: Tim Ong/ Türkstr. 4/ 30167 Hannover
Coverfoto: Rawpixel.com/shutterstock.com
Formatierung: Markus Heimrath

Quellenverzeichnis

Adibelle, Ö.: How to Facilitate a Scrum Sprint Goal Session (2018). URL: http://www.scrumexpert.com/knowledge/how-to-facilitate-a-scrum-sprint-goal-session/ [Stand: 25-08-2018]

Agilemanifesto.org: Manifesto for Agile Software Development. URL: http://agilemanifesto.org/ [Stand: 14-07-2018]

Balbes, M.: The Stress of Agile (2017). URL: https://adtmag.com/articles/2017/01/24/stress-of-agile.aspx [Stand: 14-08-2018]

Bundesanstalt für Arbeitsschutz und Arbeitsmedizin: Psychische Gesundheit in der Arbeitswelt – Wissenschaftliche Standortbestimmung. URL: https://www.baua.de/DE/Angebote/Publikationen/Berichte/Psychische-Gesundheit.html [Stand: 12-08-2018]

Canditt, S. / Dr. Braun, P.: Scrum-Coaching: Hilfe zur Selbsthilfe. URL: https://www.sigs-datacom.de/uploads/tx_dmjournals/canditt_braun_OS_03_09.pdf [Stand: 15-07-2018]

Ciprian, B. / Secara-Onita, A.: The peculiarities of German negotiation style. URL: http://steconomiceuoradea.ro/anale/volume/2013/n2/002.pdf [Stand: 04-08-2018]

Davies R. / Sedley, L.: Agile Coaching (2009)

Doshi, P. (2018): Agile Coach Toolkit #4: Effective Facilitation. URL: https://www.scrum.org/resources/blog/agile-coach-toolkit-4-effective-facilitation [Stand: 24-07-2018]

Greaves, K.: Assessiong Your Agile Coaching Skills (2018): URL: http://www.scrumexpert.com/knowledge/assessing-your-agile-coaching-skills/ [Stand:26-07-2018]

IT-agile: Führungskräfte-Ausbildung (Agile Leadership) - Inhalte der Ausbildung. URL: https://www.it-agile.de/ausbildung/fuehrungskraefte/ [Stand: 18-07-2018]

Koch, A. S.: Adopting an Agile Method (2006). URL: http://www.methodsandtools.com/archive/archive.php?id=41 [Stand: 16-08-2018]

Lal Patary, C. (2017): Case Studies on Agile Transformation. URL: https://www.linkedin.com/pulse/case-studies-agile-transformation-chandan-lal-patary/ [Stand: 08--08-2018]

Rösner, D. (2018): Konfliktmanagement – für Scrum-Teams ein Muss! (3). URL: https://www.gudrun-kreisl.de/blog/eintrag/konfliktmanagement-fuer-scrum-teams-ein-muss-3/ [Stand: 10-08-2018]

Sheffield, H. (2016): Google spends years figuring out that the to a good working environment is just to be nice – Successful teams have a high “average social sensitivity”. URL:https://www.independent.co.uk/news/business/news/google-workplace-wellbeing-perks-benefits-human-behavioural-psychology-safety-a6917296.html [Stand: 01-08-2018]

Warkentin, N.: Yoga-Übungen: Tipps für Anfänger (und fürs Büro). URL: https://karrierebibel.de/yoga-uebungen/ [Stand: 28-08-2018]

47734227R00069

Printed in Poland
by Amazon Fulfillment
Poland Sp. z o.o., Wrocław